Zeitschrift für italienische Kultur der Gegenwart

ZIBALDONE

Herausgegeben von Helene Harth und Titus Heydenreich

10

November 19…

Schwerpunkt:
Rom heute

Piper
München Zürich

Inhalt

Kilometer und Kilometer Katakomben, aber keine nennenswerte U-Bahn. Tagtäglicher Autokreislaufkollaps – und Marmorreliefs, die von kaiserlichen Siegessäulen als Gips herabrieseln. Hektisch wechselnde Regierungen und – nebenan – ein äußerlich auf 0,44 qkm reduzierter Staat, dessen Regierung – seit einem Konzil im 16. Jahrhundert die stabilste der Welt – Weltpolitik macht. Museen mit atemberaubenden Kunstschätzen aus drei Jahrtausenden – und außerhalb des apokalyptischen Autobahnrings (Fellini!) die gespenstischsten Satellitenstädte Europas, in die kein Tourist sich wagt. Von Mailand, Palermo oder Triest als nationale Hauptstadt allenfalls geduldet, aber mit einer hochkarätigen, in ganz Italien gelesenen, außerhalb Italiens wenig bekannten eigenen Literatur.

Rom heute... Zwischen Porta Pia und dem Quirinalpalast, der weiß Gott standesgemäßen Herberge von Päpsten, Königen und Präsidenten, verläuft die Via XX Settembre. Der Straßenname erinnert an die berühmte, tags darauf fotografisch nachgestellte, bis heute gefeierte Erstürmung des bewußten Stadttores: militärischer Schlußakkord von Italiens Einheitsbewegung. Der Platz vor dem Quirinal könnte, analog zur Plaza de las Tres Culturas in Mexiko-Stadt, Piazza delle Tre Rome heißen. Das klänge zwar scheußlich, würde aber der Tatsache gerecht, daß in der heutigen Urbs das Antike, das Kirchliche und das Italische weiterhin nebeneinander präsent und kulturell wie politisch wirksam sind: Urbi et orbi im weitesten Sinne.

Die Herausgeber

Roma '87
Foto: Olivio Barbieri

Giuseppe Gioachino Belli

L'illuminazzion de la cuppola

Tutti li forestieri, oggni nazzione
de qualunque paese che sse sia,
Dicheno tutti-quanti: »A ccasa mia
Sce se fa ggran bellissime funzione.«

E nun dico che ddichino bbuscía:
Forzi, chi ppiú, chi mmeno, hanno raggione.
Ma cchïunque viè a Rroma, in concrusione,
Mette la coda fra le gamme, e vvia.

Chi ppopolo pò èsse, e cchi ssovrano,
Che cciàbbi a ccasa sua 'na cuppoletta
Com'er nostro San Pietr' in Vaticano?

In qual antra scittà, in qual antro stato
C'è st'illuminazzione bbenedetta,
Che tt'intontissce e tte fa pperde er fiato?

4 aprile 1834

Aus: *I sonetti di Giuseppe Gioacchino Belli,*
herausgegeben von G. Vigolo, Mailand 1952.

Die Ausleuchtung der Peterskuppel

Die Hergereisten alle, all die Völker,
ganz gleich aus welchem Land sie stammen,
beteuern allesamt: »Bei uns zuhause
gibt's riesig schöne Kirchenfeste.«

Nun, ich will nicht sagen, daß sie flunkern:
So oder so hat sicher jeder recht.
Aber: Wer immer hier nach Rom kommt,
zieht bald den Schwanz ein und verstummt.

Wo kann das Volk sein, wo der Herrscher,
der so ein Kuppelchen bei sich zu stehn hat
wie hier Sankt Peter auf dem Vatikan?

In welcher Stadt, in welchem anderen Land
hast du ein solches Lichteraugenfest,
das dich betört und dir den Atem nimmt?

4. April 1834

Übersetzung: Titus Heydenreich

Albert von Schirnding

Der Roman eines Romans

Die römischen Tagebücher des Ferdinand Gregorovius

Am Anfang ist die Idee, am Ende die Erkenntnis. Im elterlichen Bücherschrank stand die *Geschichte der Stadt Rom im Mittelalter*; dem Knaben bedeuteten die acht bräunlich-violetten Leinenbände (die bei Cotta 1869–1874 erschienene zweite Auflage) Verheißung und Geheiß. Der feierlich klingende Name des Verfassers tat ein übriges. Eines Tages würde ich diesen Ferdinand Gregorovius lesen, mich selbstvergessen in seine Welt verlieren, um verwandelt daraus emporzutauchen: ein Rom-Erfahrener, ein in der Geschichte Bewanderter, ein Menschenkenner. Einstweilen genügten die Sicht- und Greifbarkeit des Gegenstands. Daß ich noch keinen Gebrauch von ihm machen konnte, erhöhte eher seinen Reiz: ein Reiz, der sich mit den großen Begriffen des Titels verband, seine tiefere Quelle aber im Charakter der zusammengehörigen Bände als des von einem einzelnen Autor geschaffenen Opus hatte. Ehrfürchtig, aber auch verstohlen-komplizenhaft strich ich über diese Bücherrücken. Was mir in ihnen leibhaftig entgegentrat, war die Idee des Werks.

»Ich beabsichtige«, schreibt Ferdinand Gregorovius am 3. Oktober 1854 in sein Tagebuch, »die Geschichte der Stadt Rom im Mittelalter zu schreiben. Für diese Arbeit bedarf es, so scheint mir, einer höchsten Disposition, ja, so recht eines Auftrags von Jupiter Capitolinus selbst. Ich faßte den Gedanken dazu, ergriffen vom Anblick der Stadt, wie sich dieselbe von der Inselbrücke S. Bartolomeo darstellt. Ich muß etwas Großes unternehmen, was meinem Leben Inhalt gäbe.« Ein einziger, gleichsam jenseits von Zeit- und Lebenslauf gelegener Augen-Blick entschied über die Existenz eines Werks, zu dessen Ausführung der Autor siebzehn Jahre benötigen würde. Als es längst abgeschlossen war und in wiederholter Überarbeitung seine endgültige Form gefunden hatte, schaute er noch einmal auf den Ausgangspunkt zurück: Die *Geschichte der Stadt Rom im Mittelalter* wäre nicht entstanden, »wenn nicht eines Tages auf der Brücke Quattro capi das bezaubernde Idealbild Roms sich in meinem Innern abgespiegelt hätte. Solche Vorgänge sind künstlerischer Natur«.

Das Verhältnis von Idee und Materie, von Gedanke und Tat, war also im Sinne eines Primats des Geistigen vor dem Stofflichen bestimmt, weshalb Gregorovius sagen konnte, die Wissenschaft als solche habe ihn stets kalt gelassen. »Der wissenschaftliche Stoff hat für mich nur Bedeutung als Material für die gestaltende Idee« – eine vor dem Hintergrund des späten, »historistischen« 19. Jahrhunderts erstaunliche Aussage. In den deutschen Kathederphilosophen, an ihrer Spitze Ranke und Mommsen, sieht Gregorovius denn auch seine Antipoden: »Keiner von ihnen läßt mich gelten. Sie haben von ihrem Katheder aus vollkommen recht. Ich selbst habe mich nie unter die Gelehrten gezählt. Aber ich bin zufrieden, ein römisches Epos verfaßt zu haben.«

In Königsberg hatte der siebzehnjährige Student der evangelischen Theologie, von ihrer orthodoxen Fortschrittsfeindlichkeit abgestoßen, zu der von Karl Rosenkranz vertretenen Philosophie Zuflucht genommen. Der Schüler Hegels griff »unter allen lebenden Menschen am mächtigsten in die Entwicklung meines inneren Lebens« ein. Noch der Sechsundsechzigjährige verfaßte einen Aufsatz über den italienischen Hegelianer Augusto Vera. Wie die Welt zuerst als »These«, nämlich als Gedanke Gottes existiert, so das Werk als Plan im Kopf seines Autors. Im Einleitungskapitel des ersten Bandes sowie in Briefen an die Verleger Brockhaus und Cotta zeichnet Gregorovius den architektonischen Umriß des aufzuführenden Gebäudes: »[...] es soll die Geschichte der Stadt enthalten [...], sowohl die politischen als bürgerlichen Dinge, die Geschichte der Ruinen, die ganze Metamorphose Roms, die Geschichte des römischen Stadtkultus und der Kirche, der Künste, Wissenschaften etc., kurz des Gesamtlebens von Rom; wegen der beständigen Beziehung Roms auf das Heilige Römische Reich Deutscher Nation, der Romfahrten so vieler Kaiser, der Eingriffe des Papsttums in Deutschland etc.

hat das Werk zugleich nationale Bedeutung, und wenn nächst den Römern eine Nation berechtigt ist, es zu schreiben, ist es sicherlich die deutsche. Es soll umfassen elf Jahrhunderte vom Anfang des saec. V., dem ersten Fall Roms unter die Goten, bis zum Anfang saec. XVI. oder 1527, wo Rom unter die deutschen Söldner fiel.«

Gregorovius erfährt die Wahrheit der Hegelschen Dialektik an der Entstehungsgeschichte seines Lebenswerks: Die Idee muß, um Wirklichkeit zu werden, den langen und mühseligen Weg durch ihr Gegenteil antreten, ein undurchdringliches Stoffgebirge. Die *Römischen Tagebücher* sind die getreue Nachschrift der sie begleitenden Bewußtseinsreflexe. So geben sie keineswegs nur eine durch den Charakter des erlebenden Ich zusammengehaltene Folge zufälliger Eindrücke wieder, deren Interesse in der Person des Tagebuchschreibers oder der historischen Besonderheit der registrierten Erfahrungen läge. Zwar trifft beides auf die 1892, ein Jahr nach Gregorovius' Tod, von Friedrich Althaus bei Cotta herausgegebenen *Römischen Tagebücher* in hohem Maße zu, denn ein überragender Geist tritt als Zeuge der letzten beiden Jahrzehnte einer Epoche auf, die als Umbruchphase von größter Tragweite begriffen wird. Aber diese Aufzeichnungen sind außerdem und vor allem einem absichtsvollen Kompositionswillen entsprungen. Sie erzählen eine Geschichte: die Geschichte der *Geschichte der Stadt Rom im Mittelalter.*

Sie beginnt mit einer Berufung – so will der Hinweis auf das Brückenerlebnis, den zeugenden Gedanken im Anblick Trasteveres und der Kaiserpaläste verstanden sein. Der Einfall wird sogleich als Lebensaufgabe aufgefaßt und angenommen. Nach einer mehr als einjährigen Inkubationszeit macht sich Gregorovius im Oktober 1855 in einer der römischen Bibliotheken an die Vorstudien. Die Ausgangslage wird so verzweifelt als möglich gezeichnet. Das mythische Muster des Helden, der ohnmächtig und waffenlos sein Rettungswerk vollbringen soll, schimmert durch: »Es ist ein Ozean, auf den ich mich wage, so allein auf mich gewiesen, und so mittellos, daß ich mir kaum ein Buch erschwingen kann. Haufenweise schleppe ich geliehene Bücher [...] in meine Wohnung. Wie häßlich ist diese ›Purificazione‹.

Gesindel haust darin, Modelle für Künstler. Den Ghetto deutscher Künstler nennt man diese schmutzige Straße.«

Wie Odysseus gleich am Anfang seiner Floßfahrt Schiffbruch erleidet, so muß auch Gregorovius schon nach wenigen Monaten – im Februar 1856 – seine Arbeit abbrechen: Wochenlang ist er arbeitsunfähig, vegetiert dumpf dahin. In seinen Nächten steht die *Geschichte der Stadt Rom* über ihm »wie ein fernes Gestirn«. »Sollte mir das Schicksal doch verstatten, sie zu vollenden, so würde kein Leid in der Welt groß genug sein, daß ich es nicht standhaft ertrüge.« Er macht sein Testament, sieht sich im Traum als einzigen Zuschauer im Theater, wo die römischen Stadtmauern statt der Schauspieler tanzen und schließlich Iphigenie erscheint, um eine Rede an ihn zu halten.

Sie bringt ihn zu seinen Folianten zurück. Im November erreicht er gewissermaßen den Strand der Phäaken. Der Beginn der Niederschrift wird als lebensgeschichtliches Datum vermerkt: »Heute um 9 Uhr des Morgens habe ich den ersten Band der *Geschichte Roms im Mittelalter* zu schreiben angefangen, im 5. Jahr meines Aufenthalts in Rom, meines Lebens im 35., im 11. Jahr des Papstes Pius IX.« Alle wesentlichen Zäsuren im Werdegang des Werks werden auf diese Weise markiert. Er ist Odysseus, nennt sich selbst den »Sisyphus von Rom«, ist Herakles und Prometheus. Der Fund einer kolossalen Herkulesfigur in der Nähe des Pompeius-Theaters, deren Bergung er beiwohnt (»ich sah diese Statue aus ihrem Grabe auferstehen, woraus sie mit Stricken, Schrauben und Winden herausgezogen ward – Volk, Arbeiter ringsumher, alle voll Anteil und heiterem Ernst – eine echt römische Szene«), gibt Anlaß zu einer Reflexion über den »moralischen Sinn der Mythe«. Gregorovius spricht von einem »Mensch(en), der die irdische Welt bezwingt durch Arbeit, sich vergöttlicht, wie ein Phönix sich verbrennt, und Hebe, die ewige Jugend, zum Lohn erhält«. Kein Zweifel, daß er sich selbst in den Spuren dieses Archetypus wandeln sieht.

Dieser Tendenz zur Mythisierung der eigenen Arbeit steht die immer klarere Einsicht in ihre historische Determiniertheit gegenüber. »Es ist heute«, notiert er am 10. Dezember 1866, »ein geschichtlicher Tag (ich beendigte an ihm um 3 Uhr die Abschrift meines sechsten Bandes). Denn der Abzug der Franzosen von Rom bezeichnet eine Epoche im Leben des Papsttums, dessen weltliche Gestalt untergeht.« Mit der Proklamation Roms als Hauptstadt Italiens kommt jenes römische Mittelalter, dessen Geschichte Gregorovius am 19. Januar 1871, seinem 50. Geburtstag, beendet hat, fast gleichzeitig zum Abschluß. Er ist überzeugt davon, daß er sie im nationalen Rom nicht mehr hätte schreiben können. Die Eule der Minerva hatte ihren Flug bei Dämmerung begonnen, sie scheute aber auch das Licht des neuen Morgens.

Hegels Glaube, »daß die Weltgeschichte ein Produkt der ewigen Vernunft ist und Vernunft ihre großen Revolutionen bestimmt hat«, überlebt in Gregorovius freilich in einer für das fin de siècle charakteristisch gebrochenen Gestalt. Zwar erstreckt sich die Gültigkeit von Hegels Grund-Satz, der schon für die Entstehungsgeschichte des Werkes zutraf, auch auf seinen Inhalt, (»Der Geist der Begebenheiten, der sie hervortreibt, ist das Erste; er ist der Merkur, der Führer der Völker.«) und im Falle des römischen Mittelalters erscheint er als Ideenfries, in dem die Idee der Republik (Municipium), des Reichs (Imperium) und der Kirche (Ecclesia) aufeinandertreffen. Aber hinter diesen Phänomenen steht nicht mehr ein durch Zerrissenheit zu sich selbst kommender, mit dem Negativen versöhnender Weltgeist. Was bleibt, sind die unaufhebbaren Kategorien der Vergänglichkeit (»Wenn Du mich fragst, was Rom eigentlich ist, so sage ich Dir, es ist der Tod«, schreibt Gregorovius kurz nach seiner Ankunft an einen Freund) und des Gegensatzes. Die Geschichte Roms wird zur Tragödie, in der die Protagonisten als Spieler und Gegenspieler auftreten. Die leitenden Ideen verwandeln sich in künstlerische Strukturen.

In seltsamem Widerspruch zu dieser pessimistisch-ästhetischen Sicht der Dinge steht der Fortschrittsglaube des ehemaligen Achtundvierzigers, der über die »sozialistischen Elemente« in Goethes *Wilhelm Meister* eine Abhandlung veröffentlicht hatte. Im Kampf zwischen den Prinzipien der nationalen Einigung Italiens und der Papstherrschaft ergreift er entschieden Partei. »Mariae unbefleckte Empfängnis« und päpstliche Infallibili-

Rom, Oktober 1864: Bergung der Herkules-Statue in einer zeitgenössischen Fotografie.
Aus: Roma dei fotografie al tempo di Pio IX 1846–1878. Multigrafica Editrice Rom, 1978, Nr. 116.

tät – die beiden von Pius IX. verkündigten Dogmen – erscheinen ihm als Inbegriff des Aberglaubens und der Absurdität. In Gestalt von zwei Säulen geben sie seinem römischen Aufenthalt einen sinnfälligen Rahmen. Die 1856 errichtete Madonnensäule auf dem Spanischen Platz, dies Monument der »mystischen Narrheit und Eitelkeit« des Papstes, kommt ihm wie ein umgekehrter Champagnerkorken vor, und angesichts der 1869 vorgenommenen Grundsteinlegung zur Konziliumsäule vor S. Pietro in Montorio notiert er: »Sie setzen also schon das Monument, ohne zu wissen, wie das noch zu legende Ei geraten und was aus ihm auskriechen wird.«

Zahlreiche Stellen in den Tagebüchern bezeugen den Abscheu, mit dem ihn die verrottende Hauptstadt der ihrem Ruin entgegentreibenden päpstlichen Herrschaft erfüllt. Die stärkste Äußerung dieser Art findet sich in der Endphase der Niederschrift seines Werks: »Wir haben«, heißt es in der Tagebucheintragung vom 19. Juni 1870, »das Gefühl der Sicherheit verloren und nach 18 Jahren meines Lebens in Rom fühle ich mich hier fremder als am ersten Tage. Die Luft ist moralisch vergiftet; mich ekelt vor dem Anblick dieses Götzendienstes, dieser alten und neuen Idole und dieses ewigen Zustandes von Lüge, Heuchelei und krassestem Aberglauben.« Er betrachtet den Papst, der auf dem Corso zu Fuß geht, aus nächster Nähe: »Er kam mir sehr fallibel vor, sein Gang wackelnd, seine Gesichtsfarbe fahl. Daß solche schon begrabene Menschen noch fortdauern müssen, die Welt zu verfinstern!«

Doch derselbe Chronist ist tief beeindruckt von der weltweiten Anteilnahme am fünfzigjährigen Priesterjubiläum des Papstes: »Welch ein Monarch kann sich rühmen, daß sein Ehrentag zu einem Festtage für die Welt geworden sei? Das Papsttum ist also noch eine moralische Idee, man sage was man wolle; es kann auf die Liebe vieler Menschenklassen zählen, man bestreite dies, wie stark man wolle. Die Tatsachen reden.« Und als schließlich die Kanonen von der Engelsburg beim Einzug des italienischen Königs in seine neue Hauptstadt donnern, verwandelt sich der politisch engagierte Zeitgenosse wieder in den Zuschauer einer Tragödie, der mit dem untergehenden Helden fühlt: »Wie wird da das Herz des Papstes bei jedem Schuß gebebt haben. Es ist ein Trauerspiel ohnegleichen, das hier aufgeführt wird.«

Gregorovius selbst ist als Autor seiner Geschichte ein Teil des zugleich geliebten und verachteten päpstlichen Rom, das er unter dem Druck der Ambivalenz, die sein Verhältnis zu ihm bestimmt, bald das verrottete, bald das kosmopolitische nennt. Am Ende siegt die Sympathie: Rom sinke, so urteilt er, zur Hauptstadt der Italiener herab, es sei mit dem hinweggefegten Geist des Mittelalters ganz entzaubert worden. »Ich gehe in den Straßen umher, auf den Spuren meiner Leidenschaft und Begeisterung, fühle diese nicht mehr und mir ist, als schauten alle diese einst so begierig von mir durchforschten Monumente geisterhaft tot auf mich herab.«

Als Gregorovius am 8. März 1876 zum ersten deutschen Ehrenbürger Roms ernannt wurde, hatte er die Ewige Stadt schon längst (am 14. Juli 1874) verlassen.

Rudolf Lill

Rom und der italienische Nationalstaat

Zur Geschichte einer Hauptstadt

Die Nationalbewegungen und Nationalstaatsgründungen des 19. Jahrhunderts bedeuteten tiefe Brüche in der Geschichte Europas, Absagen an deren universalistische Traditionen. Aber die im Grunde universale Rom-Idee hatte seit Cola di Rienzo und seit Renaissance-Päpsten wie Julius II. und Leo X. zusätzlich eine italienische Komponente gehabt und war Bestandteil der wenigen einheitstiftenden Kräfte in der langen Geschichte Italiens vor dem Nationalstaat. Auch darum konnte sie ins Risorgimento hineinwirken, eingebracht durch die originellsten Denker jener Epoche, Giuseppe Mazzini und Vincenzo Gioberti. Dieser vertrat sie in »neoguelfischer«, erneut den engen historischen Zusammenhang zwischen Rom, Papsttum und Italien betonender Sicht, jener mit seiner neuartig säkularisierenden und zugleich die Nation religiös überhöhenden Perspektive: An die Stelle des Roms der Kaiser und der Päpste sollte die »terza Roma« des italienischen Volkes treten. Und von ihr sollte dann der erhoffte Bund freier europäischer Völker ausgehen. Mazzinis Utopie, welche in der römischen Republik von 1848/49 eine zwar partielle und kurzfristige, aber dennoch Mythen hervorbringende Realisierung erfuhr, hat zunächst und vor allem die linken Gruppierungen im Risorgimento beeinflußt. Der »Kampf um Rom« war das Hauptmotiv der revolutionären Aktionen (etwa von 1860, 1862 und 1867) durch die sie, meist mit Garibaldi an der Spitze, die monarchisch-moderate, nur nach diplomatischer Absicherung handelnde Einigungspolitik Cavours zu überspielen oder zu radikalisieren suchten. Aber auch die »moderati« mußten dem Rom-Mythos Rechnung tragen: Das erste aus nahezu ganz Italien entsandte Parlament, welches 1861 in Turin zusammentrat, proklamierte Viktor Emanuel II. zum König von Italien und erklärte darüber hinaus Rom zur Hauptstadt des Landes. Dennoch konnten und wollten der noch im selben Jahr verstorbene Staatsgründer Cavour und sein ebenso realistischer Nachfolger, der Toskaner Bettino Ricasoli, schon deshalb nicht an den Tiber gehen, weil Napoleon III., dessen antiösterreichische Großmachtpolitik die italienische Einigung erst ermöglicht hatte, gleichzeitig auf der Souveränität des Papstes in einem Rest-Kirchenstaat bestand. Auf seinen Druck hin wurde die Hauptstadt 1864/65 aus dem seit der Gründung des Königreiches Italien peripheren und darum als Provisorium wirkenden Turin nach Florenz verlegt und zugleich eine italienisch-französische Garantie für den Kirchenstaat gegeben. Aber der Verzicht auf Rom hatte vorläufigen Charakter und wurde schneller, als alle Beteiligten angenommen hatten, aufgehoben: Der französisch-deutsche Krieg des Jahres 1870, der durch diesen Krieg notwendig gewordene Abzug der französischen Garnison aus Rom und vor allem Napoleons Niederlage bei Sedan (2. September 1870) besiegelten auch das Schicksal des päpstlichen Staates. Schon im Sommer begann Mazzini wieder mit seinen Agitationen. Die italienische Regierung empfand Mazzini als so unberechenbar, daß sie ihn verhaften ließ. Seit Sedan wollten die Garibaldiner gegen Rom ziehen. Auch um ihnen zuvorzukommen, ließ die Regierung seit Mitte September reguläre Truppen in den Kirchenstaat einrücken. Ihr vorausgegangener Versuch, Pius IX. gegen die Garantie seiner geistlichen Unabhängigkeit die Zustimmung zur Besetzung abzuringen, war gescheitert. Der Papst befahl symbolischen Widerstand, welcher eingestellt wurde, nachdem die Italiener am 20. September bei der Porta Pia die seitdem als historisch bezeichnete Bresche in die römische Stadtmauer geschossen hatten.

Die tausendjährige weltliche Herrschaft der Päpste, ein Inbegriff historischer Legitimität, wurde damit beseitigt – doch ohne die von Mazzini proklamierten Postulate nationaler Größe und demokratischen Neubeginns. Nach seiner Freilassung warf er der Regierung vor, feige nach Rom gegangen zu sein und die Stadt durch die Monarchie profaniert zu haben. In Wirklichkeit bewies gerade die Besetzung Roms, daß Mazzini, der »Apostel«

Rom, 21. September 1870: fotografische Nachstellung der Bresche von Porta Pia vom vorausgegangenen Tag.
Aus: Roma dei fotografi al tempo di Pio IX 1846–1878. Multigrafica Editrice, Rom, 1978, Nr. 173.

der »nationalen Religion« ebenso wie der Freischarenführer Garibaldi den Nachfolgern Cavours etliches von ihrem Wollen aufgezwungen hatten.

Am 20. September 1870 war die nationale Einigung im wesentlichen abgeschlossen. Zugleich war allerdings auch die die Italiener in zwei Lager spaltende »Römische Frage« entstanden, d. h. die Frage, wie man für die Eingliederung des Kirchenstaates einerseits die päpstliche Zustimmung und erst dadurch den vollen Konsens der Katholiken zum Nationalstaat erlangen und andererseits dem Heiligen Stuhl eine ihm genügende Garantie seiner Unabhängigkeit verschaffen könnte. Die Lösung hat bekanntlich erst der Lateranvertrag von 1929, das gemeinsame Werk Mussolinis und Papst Pius' XI., erbracht, der die Errichtung des sehr kleinen, aber souveränen, im wesentlichen aus römischem Stadtgebiet herausgeschnittenen »Staates der Vatikanstadt« festlegt. Da der Duce gleichzeitig auf das faschistische Imperium hinarbeitete und nicht zuletzt deswegen die Hauptstadt unter oft gewaltsamem Rückgriff auf die römische Kaiserzeit umgestalten und erweitern ließ, erweckte er wenigstens zeitweise den Eindruck, als bringe der Faschismus die Synthese der drei großen Rom-Ideen: der imperialen, der päpstlichen und der nationalen!

In seiner Thronrede am 5. Dezember 1870 hatte Viktor Emanuel behauptet, daß »Rom sich selbst, Italien und der modernen Welt zurückgegeben sei«. Er unternahm immerhin den Versuch einer Synthese der Rom-Idee Mazzinis mit der liberalen Konzeption Cavours, indem er einerseits die Liebe und Verehrung der Italiener für Rom sowie Italiens nationales Recht auf Rom betonte, zugleich aber auch seiner Entschlossenheit Ausdruck verlieh, die Kirchenfreiheit und die Unabhängigkeit der päpstlichen Kirchenregierung zu garantieren. Pius IX., der die für den Raub Verantwortlichen exkommuniziert hatte, hat sich bekanntlich mit solchen Erklärungen ebensowenig abgefunden wie mit dem sogenannten Garantiegesetz vom Mai 1871, welches seine Souveränität in den Rahmen dieses staatlichen Gesetzes stellte. Er bezeichnete sich als »Gefangenen im Vatikan«, den er und seine Nachfolger bis zum Jahre 1929 nicht verlassen haben. Im-

Rom, 11. Februar 1929: Pressefoto nach Unterzeichnung der Lateranverträge. Im Vordergrund: Mussolini und der päpstliche Staatssekretär Pietro Gasparri.
Aus: Horst Fuhrmann: Von Petrus zu Johannes Paulus II. C. H. Beck, München 1980, S. 190.

merhin widerstand Pius der Versuchung, außerhalb Italiens (etwa in Österreich!) Asyl zu suchen, so daß sich seitdem das italienische und das päpstliche Rom lange feindlich gegenüberstanden. Nach einigem Zögern war nämlich im Sommer 1871 die Hauptstadt von Florenz nach Rom verlegt worden – trotz der Bedenken nicht weniger Zeitgenossen, die sich vom ungeregelten Nebeneinander von König und Papst nichts Gutes erwarteten oder bezweifelten, daß das unmoderne Rom mit seiner traditionell unpolitisch gesinnten Bevölkerung für die neue Rolle geeignet sei.

Um solche Bedenken zu verstehen, muß man sich die Stadt Rom im Jahr 1870 vergegenwärtigen: Die Stadt des »Papa Re«, die Gregorovius (1821–1891) in seinem Tagebuch sowie in den *Wanderjahren in Italien* (1853 ff.) und Kurd v. Schlözer (1822–1894) in seinen *Römischen Briefen* (1912) eindrucksvoll beschrieben haben und die u. a. Ettore Roesler Franz in seinen Aquarellen (heute im Museo di Roma) auf realistische Weise dargestellt hat, war zwar monumentaler und malerischer, gleichzeitig aber auch in jeder Hinsicht rückständiger als die anderen Hauptstädte der historischen Staaten Italiens. Rom war die Kapitale der Geschichte, der Kunst und des lateinischen Christentums, als welche sie ja noch heute von Millionen besucht wird. Darüber hinaus war sie die Hauptstadt eines strukturell hoffnungslos veralteten, von Prälaten regierten Kleinstaates. Bauten, Straßen und Plätze der Vergangenheit, darunter die Meisterwerke der antiken Kaiserzeit und des päpstlichen Barock, die – vom Pantheon bis zu St. Peter – für ganz Europa richtungweisend gewesen waren – bestimmten die Maße der Stadt, die das Innere der Aurelianischen Mauer bei weitem nicht mehr ausfüllte und 1870 nur noch etwa 220000 Bewohner zählte. Im Zentrum, also im wesentlichen in der von den Päpsten des 16. bis 18. Jahrhunderts neu bebauten Tiberniederung, lagen barocke Plätze und enge Gassen dicht beieinander. Unvorstellbar viele Überbleibsel der Antike waren darin malerisch verbaut. Auf den sieben Hügeln standen mittelalterliche Kirchen und barocke Paläste. Wo seit den achtziger Jahren des 19. Jahrhunderts die Via Veneto und die Via Nazionale verlaufen, befanden sich große, von Papst- und Kardinalsfamilien erbaute Villen fürstlichen Zuschnitts. Außerhalb der Mauern gab es nur die Campagna: mit Katakomben und Ruinen, mit Latifundien, die im Besitz großer kirchlicher Institutionen waren, mit Hirten und Herden. Die einzigartige Symbiose der Stile und Epochen, gerade auch in der »città quotidiana«, das ebenso reiche Ineinander von Geistlichem und Weltlichem und dazu der Rhythmus des katholischen Kirchenjahres mit seinen vielen Feiertagen wirkten bestimmend. Rom war ein grandioses Museum und zugleich eine Provinzstadt, in der es sich offenbar zu leben lohnte. Die urbanistischen und sozialen Transformationen des 19. Jahrhunderts hatten die Stadt noch nicht erreicht, und es gab keine nennenswerte Industrie. Die Verkehrsbedingungen waren unzureichend: Von den nur drei Brücken über den Tiber war die jüngste von Papst Sixtus IV. zum Jubiläumsjahr 1475 gebaut worden; der antike Ponte Milvio war immerhin unter Pius IX. restauriert worden. Im Jahrzehnt vor 1870 war an der Stelle der späteren Stazione Termini endlich auch ein Zentralbahnhof (mit einstweilen nur regionalen Linien) errichtet und mit dem Bau einer ersten modernen Straße dorthin, der späteren Via Nazionale, begonnen worden.

Noch 1871 bezog König Viktor Emanuel den Quirinal, bis dahin päpstliche Sommerresidenz und Ort der Konklaven. Die meisten obersten Behörden wurden zunächst in anderen kirchenstaatlichen Palästen oder enteigneten Klöstern untergebracht. Unangetastet blieben nur jene Gebäude des Papstes, welche der Kirchenregierung dienten, auch wenn sie außerhalb des Vatikans lagen. Sitz der Kammer wurde der von Innozenz X. für die Gerichtsbehörden errichtete Palazzo Montecitorio, Sitz des Senats der für die Medici erbaute und nach seiner berühmtesten Besitzerin, der Tochter Karls V. benannte Palazzo Madama. Das Außenministerium erhielt den spätbarocken Palast der Consulta beim Quirinal.

Der einzige vernünftige Plan, der darin bestand, neben dem alten Rom ein neues Regierungsviertel zu errichten, wurde verworfen, weil dieses Konzept schlecht zur Idee der »Roma capitale« gepaßt und die finanziellen Kräfte des jungen und infolge der Kriege armen Staates überstiegen hätte. Bald gab es zwischen Kommune und Staat Streit um die Finanzierung konkreter Projekte, erstmals bereits in den 1870er Jahren – wegen der unter den Päpsten völlig vernachlässigten Tiberregulierung. Immerhin sind damals innerhalb des Mauerrings die ersten monumentalen Neubauten für Ministerien entstanden, so an der vom Quirinal zur Porta Pia führenden Straße, die zur Stadtmauer hin noch weithin unbebaut war und nach dem 20. September benannt wurde.

Schon der erste »piano regolatore« von 1873, dem 1883 der zweite folgte, sah ungeheure Zerstörungen der alten Bausubstanz vor, welche mit der Erweiterung des Viale del Corso (auf Kosten barocker Paläste) und dem Ausbau der Via Nazionale (auf Kosten der schon erwähnten Villen) begannen. Sehr viel Neues mußte allzu schnell geschaffen werden. Man baute in dem für das späte 19. Jahrhundert typischen Stil des Historismus und Eklektizismus, der zu nationalistischer Selbstüberhebung eingesetzt wurde. Die Bauten der Antike und des Barock, an denen man sich vordergründig orientierte (wodurch wenigstens Übertreibungen vermieden wurden, wie sie zur selben Zeit in Berlin typisch waren), wollte man übertreffen. Urbanistische Ensembles von einzigartiger Qualität sind dadurch zerstört worden, vor allem durch die Straßendurchbrüche im Zentrum (Corso Vittorio Emanuele, Via Cavour, Viale del Tritone) und durch Trastevere, die in den 1880er Jahren begannen, und durch die Tiberregulierung mit der Anlage der breiten Straßen zu beiden Seiten des Flusses, welcher neben vielem anderem die durch Piranesis Stiche überlieferten malerischen Häfen zum Opfer fielen. Für sich betrachtet waren die neuen Straßen zwar durchaus gelungene Beispiele bürgerlich-historistischer Urbanistik. Zur selben Zeit wurde die Stadt durch bürgerliche Wohnviertel (Esquilin, Viminal, Ludovisi, Parioli, Prati di Castello, Trastevere, Testaccio, Monteverde) erweitert, die allerdings größtenteils innerhalb der spätantiken Mauern und deren barocker Erweiterung rechts des Tibers verblieben.

In den 1880er Jahren wurden auch die wegen der Panoramen bis heute vielbesuchten Alleen auf dem Gianicolo und dem Pincio mit den Büsten der Risorgimento-Helden eröffnet. In ihrer Aufwendigkeit durchaus der Berliner Siegesallee vergleichbar ist die Anlage auf dem Gianicolo – dem Ort der Kämpfe um die Republik im Jahr 1849 –, an dessen höchstem Punkt 1895 das Garibaldi-Denkmal errichtet wurde. Seine beherrschende Stellung oberhalb des Vatikans bezeugt das Selbstverständnis jener damals auch in Rom den Ton angebenden liberal-progressiven Minderheit, welche die Stadt und den Staat dem Papst abgetrotzt hatte, aber auch – zusammen etwa mit Mazzinis Denkmal am Abhang des Aventin, gegenüber den antiken Kaiserpalästen – den Anspruch, daß die ganze Geschichte Roms und Italiens im Nationalstaat erfüllt sei. Hypertroph wurde dieser Anspruch dann herausgestellt im 1885 begonnenen, 1911 vollendeten Nationaldenkmal, welches Kapitol und Forum in den Schatten verwies. Um Raum für die monströse Anlage zu schaffen, wurden u. a. die Häuser des Michelangelo, des Giulio Romano und des Pietro da Cortona abgerissen, ebenso der Palazzetto Venezia, der die Piazza nach Süden abgeschlossen hatte, und der an der Westseite des nunmehr vergrößerten Platzes wiederaufgerichtet wurde.

König Umberto (1878–1900) und seine Gattin Margherita vermochten Mitglieder der seit 1870 abseits stehenden römischen Aristokratie sowie führende Vertreter der Kultur, etwa den früheren Republikaner Carducci, an den Hof zu ziehen. Über solchen ersten Begegnungen zwischen der eigentlich fremden Dynastie und der Hauptstadt nahm diese erstmals auch liberale Züge an. Wenigstens in einigen Bereichen begann sie mit Paris zu konkurrieren, was ganz im Sinne jener Links-Liberalen war, welche infolge der Wahlabstinenz der meisten Katholiken die Stadtregierung auf dem Kapitol führten. Der effizienteste Vertreter war Ernesto Nathan (Oberbürgermeister seit 1907), der zwar überzeugter Progressist war, aber einen behutsameren Umgang mit den alten Bauten einführte (Piano Sanjust 1909). 1913 wurden die Linken von einer rechtsliberal-katholischen Mehrheit abgelöst – eine Folge gesamtpolitischer Verschiebungen, besonders auch erster Schritte zur politischen Integration der Katholiken.

Bei der schnellen Ausdehnung der Hauptstadt, im Zuge derer sich die Bevölkerung von 220000 Einwohnern im Jahr 1870 auf 420000 Einwohner im Jahr 1900 vergrößerte und somit fast verdoppelte, traten bereits zwei Probleme auf, welche nach dem zweiten Weltkrieg in weitaus beunruhigenderen Dimensionen wiedergekehrt sind: ungehemmte Spekulation und Aufblähung der Bauindustrie. Private Spekulation bürgerlicher, zeitweise auch adeliger Schichten, welche den Grundstücksmarkt und zunehmend auch die Stadtverwaltung kontrollierten, erschwerten oder verhinderten rationale Planung und Erfüllung öffentlicher Interessen. Der durch die zentralistische Staatsverwaltung und den massiven Zuzug von Beamten hervorgerufene Bauboom veranlaßte dieselben Gruppen dazu, ihre Investitionen auf die Bauindustrie zu konzentrieren. Gleichzeitig wirkten weiterhin die kosmopolitischen wie die parasitären Traditionen der Stadt, welche ihren Glanz seit je auch Beiträgen aus der ganzen katholischen Welt verdankte und daher daran gewöhnt war, daß andere ihre Kosten mittrugen. Auch die apolitische Mentalität, welche durch die Gegensätze zwischen Römern und Neu-Römern, zwischen Vatikan und Quirinal, zwischen papsttreuen Katholiken und antiklerikalen Liberalen noch vertieft worden ist, wirkte weiter fort. Eine vollständige Integration fand nicht statt.

Der Tourismus (zunächst Dienstleistungen für Bildungsreisende und Pilger, deren Zahl in unserem Jahrhundert infolge der leichteren Erreichbarkeit Roms kontinuierlich zugenommen hat, in der zweiten Nachkriegszeit dann generell für den Massentourismus), Bauindustrie und Bürokratie sind die bis heute größten Wirtschaftszweige der Hauptstadt. Modernisierende Impulse hat sie im Grunde nie ausgesandt. Sie ist weder zum kulturellen noch zum industriellen Zentrum des neuen Italien geworden. Römischer Immobilismus und Klientelismus, dazu der sprichwörtlich gewordene »menefreghismo« (von »*me ne frego*« = »das ist mir egal«) werden daher von vielen zu den Ursachen italienischer Krisen gezählt. Soviel zu Rom als Hauptstadt des liberalen Königreichs Italien.

Abgesehen von den Folgen des Konflikts mit dem Papst sind alle zwischen 1870 und 1910 aufgetretenen Probleme in

den beiden weiteren seitherigen Perioden der Stadtentwicklung eher noch verschärft worden, zuerst zur Zeit des Faschismus (1922–1943), dann in der Zeit seit dem Beginn des explosiven Wachstums in den 1950er Jahren.

Mussolini hat bekanntlich in Rom jenen Triumphalismus inszeniert, welcher sich aus den Mythen des faschistischen Imperiums und der faschistischen Kultur ergab. 1925 wurde für die Hauptstadt das singuläre Amt eines »Governatore« geschaffen, der direkt dem Duce unterstand und die Funktionen des »podestà« mit denen des Präfekten verband. Die »terza Roma« sollte imperialen Glanz erhalten und mit Prachtstraßen, die möglichst an antiken Monumenten vorbeiführen sollten, die Mobilisierung der Massen erleichtern. Ganze Stadtviertel mit Bauten des Mittelalters, des Barock und des 19. Jahrhunderts wurden dafür abgerissen – oft unter dem Vorwand der Freilegung der Antike – wodurch die einzigartige Kontinuität der Stadt wegmanipuliert wurde. Schon 1924 bis 1926 wurden die Ensembles um das Trajansforum zerstört, um die Kaiserforen auszugraben. Die Piazza Montanara und die Piazza Bocca della Verità mußten zerstört werden, um das Marcellustheater »freizulegen« und die Via del Mare zu bauen, wobei die barocke Kirche Santa Rita sinnwidrig »verschoben« wurde. Im direkten Anschluß daran wurde 1927 bis 1930 das Kapitol isoliert und dafür das ganze umliegende Viertel niedergerissen. Die großenteils über die frisch ausgegrabenen Kaiserforen gelegte Via dell'Impero (nach 1945 Via dei Fori Imperiali) wurde 1932 eröffnet. Im selben Jahr begann die artifizielle »Wiederherstellung« des Augustusmausoleums und der Ara pacis, der Roms schönster Konzertsaal sowie das ganze Quartier zwischen Corso und Ripetta geopfert wurden. Erst bei der Anlage des Corso del Rinascimento (1934–1936) ging man vorsichtiger vor, aber auch der Geradlinigkeit dieser Straße wurden Bauten und Fassaden um Piazza Navona und Palazzo Madama geopfert. Als Ersatz entstanden, wie auch an den Rändern des neuen umgegliederten Platzes um das Augusteo, Großbauten im faschistischen, pseudoklassizistischen Einheitsstil. Das letzte und vielleicht abschreckendste Beispiel ist die zur Erinnerung an den Lateranvertrag geplante, aber erst 1937 begonnene und 1950 vollendete Via della Conciliazione, protzig und überdimensioniert, die von der Engelsburg zum Vatikan führt und den Borgo durchschnitten hat. Hierfür ist nicht nur Mussolini, sondern ebenso Pius XI. sowie sein Nachfolger Pius XII. verantwortlich. Was jenem seine Paradestraßen galten, wollten letztere für eine ähnlich übertriebene Repräsentation des nun wieder in die Stadt integrierten Papsttums und für die Heranführung von Pilgermengen nach St. Peter. Im Anno Santo 1950 ist dieser doppelte Zweck erstmals erfüllt worden.

Bei aller Kritik ist dennoch zu bedenken, daß die faschistische Stadtentwicklung einem klar umrissenen Konzept folgte, welches auch modernisierende, teils von den Futuristen eingebrachte Elemente enthielt. Das beste Beispiel moderner Gesamtplanung und adäquater Ausführung in Rom ist bis heute jener Stadtteil, den Mussolini als Ort der für 1942 geplanten und durch den Krieg verhinderten Weltausstellung (darum E.U.R.: Esposizione Universale Roma) errichten ließ: weitab vom Zentrum und auf Dauer zu dessen Entlastung gedacht, dafür freilich in Anbetracht der dortigen Zerstörungen zu spät gekommen. Auch an Cinecittà (seit 1937) ist zu erinnern. Positiv war zweifellos auch, daß die Stadterweiterung mit eigenständigen Vororten (Borgate) in nur eine Richtung, nämlich nach Süden und Südwesten (E.U.R., Borgate Ostia), gelenkt und mit den notwendigen Infrastrukturen, etwa Straßen und Eisenbahnen, ausgestattet wurde. Die Zuwanderung wurde forciert, um Rom zur größten Stadt Italiens zu machen, dabei achtete man allerdings darauf, daß nicht allzuviele kamen (1920 hatte Rom 660000 Einwohner, 1930 waren es 945000 und 1940 1300000). Die Borgate hatten sowohl Zuwanderer wie die ehemaligen Bewohner der in Rom selbst abgerissenen Quartiere aufzunehmen.

Der Zweite Weltkrieg hat in Rom nur wenig zerstört, jedoch wurde das Viertel um S. Lorenzo im Juli 1943 durch die Alliierten bombardiert. Aber die kurz danach mit Mussolinis Entmachtung beginnende politische Umwälzung, besonders die italienische Kapitulation und die Flucht von König und Regierung am 8. September 1943, schuf in der Hauptstadt eine chaotische Situation, in der Papst Pius XII. (»Defensor civitatis«) als wirkungsvollster Wahrer römischer Kontinuität aufgetreten ist. Die deutsche Besatzung unter Feldmarschall Kesselring (mit Sitz zunächst in Frascati, nach der Bombardierung dieser Stadt am Monte Soratte) respektierte zwar vordergründig den von ihr zugestandenen Status Roms als »offener Stadt«, in den folgenden Monaten wurden jedoch erstmals Juden deportiert. Es folgten Verhaftungen und Erschießungen von Antifaschisten (teils durch die von den Deutschen wiedereingesetzten faschistischen Behörden), an die wie in jeder italienischen Stadt so mancher Gedenkstein erinnert, Attentate der Resistenza (im Vergleich zu Norditalien allerdings nur wenige) und deutsche Repressalien, darunter die Erschießung von 335 Geiseln in den Fosse Ardeatine als Reaktion auf die Ermordung von 33 deutschen Polizisten in der Via Rasella. Aber schon im Juni 1944 besetzten die Alliierten Rom. Die Regierung kehrte zurück. Bei Kriegsende wurde die Stadtverwaltung wiederhergestellt, die wie die Regierung noch einige Zeit unter britisch-amerikanischer Kontrolle arbeiten mußte. Seit 1946 ist Rom Hauptstadt der Italienischen Republik, deren Verfassung 1946/47 im Palazzo Montecitorio erarbeitet worden ist.

Damit war die Normalität wiederhergestellt und darin auch für die Stadtpolitik erstmals eine demokratische Basis geschaffen. Infolge des raschen wirtschaftlichen Aufschwungs und der darauf zurückzuführenden immensen Binnenwanderung und Verstädterung begannen nun jene negativen Entwicklungen, die wir schon andeuteten. Obwohl keine alten Bauten mehr abgerissen wurden, ist Rom als Ganzes in den letzten vier Jahrzehnten noch gründlicher zerstört worden als zur Zeit des Faschismus. Der einzige positive urbanistische Ansatz dieser Zeit, die planvolle Erweiterung in eine Richtung, wurde leichtfertig fallengelassen. Statt dessen wuchs die Hauptstadt nun ungeregelt, indem die Campagna zubetoniert wurde, in fast alle Richtungen, viel zu schnell (1945: 1500000, 1960: 2000000, 1980: 3000000 Einwohner), ohne adäquate Erschließungen und Verkehrsmittel und ohne die erforderlichen öffentlichen und sozialen Einrichtungen. Nach wie vor verfügt Rom nur über zwei U-Bahn-Linien, von denen eine schon unter Mussolini projektiert war. Der weitgehend fertiggestellte Stadtbahnring wurde erst in den letzten Jahren so ausgebaut, daß er den innerstädtischen Verkehr entlasten kann.

Bald nach 1945 hatten die alten städtischen Eliten, nun im Bündnis mit der Mehrheitspartei DC, ihre Positionen wieder konsolidiert und handelten im Sinne ihrer traditionellen Interessen; die vielen Aufsteiger taten dasselbe nur noch skrupelloser. Die Spekulation um Bauland und Bauerschließungsland, die billige Anlage neuer Wohnviertel und deren Bebauung mit tristen Häuserblocks gerieten zu einem immensen und dauerhaften Geschäft für die Grundbesitzer, für Finanzierungs- und Immobiliengesellschaften und darüber hinaus für die Bauindustrie. Es mangelte an Planung und Kontrolle, die städtischen Behörden waren dazu zu schwach oder uneinig, führende Stadtpolitiker und Beamte waren selbst in spekulative Geschäfte verfilzt. »Piani regolatori« wurden zerredet und von der tatsächlichen Entwicklung überholt. Viele Bauten wurden illegal, teils mit mafiosen Methoden, hochgezogen und später legalisiert. Der Staat griff nicht oder kaum ein!

Das historische Zentrum erstickt, abgesehen von einem erfreulich gewachsenen Fußgängerbereich, in Schmutz, Lärm und vor allem im Verkehr, dem, weil Hunderttausende von einer Peripherie zur anderen fahren müssen und Zehntausende an Touristen und Pilgern hinzukommen, auch die breiten Straßen aus den Jahrzehnten zwischen 1880 und 1940 nicht gewachsen sind. Den neuen Stadtteilen fehlen alle jene Qualitäten des Maßes und der Menschlichkeit, welche Italiens historische Stadtzentren so anziehend machen. Auch gibt es noch immer die trostlosen Viertel, welche man aus Pasolinis Erzählungen und Filmen kennt. Im Kommunalwahlkampf des Jahres 1989 haben alle Parteien radikale Verbesserungen versprochen; endlich will auch die Regierung, der mit Giulio Andreotti ein traditionsbewußter Römer vorsteht, die Sanierung der Hauptstadt als nationale Aufgabe angehen. Eine nationale Wiedergutmachung wäre diese Sanierung in der Tat. Aber gegenüber Versprechungen italienischer Politiker ist Skepsis geboten. So investierten sie sehr viel mehr Geld in die Ausrichtung einer Fußballweltmeisterschaft als in die

Rom, Triumphsäule des Kaisers Trajan. Detailfoto von 1941.
Aus: Attraverso l'Italia, vol. 9: Roma. Parte I. Mailand, 1941.

Rom, Triumphsäule des Kaisers Trajan. Detailfoto von 1980.
Foto: Calle Hesslefors, FAZ 27.9.1980.

Erhaltung oder Restaurierung des eigentlich italienischen Propriums: der Städte, der Landschaften und der Kunstwerke.

Erfolgt also der versprochene Kurswechsel nicht, so wird man bald konstatieren müssen, daß die Urbs, welche das Urbild der städtischen Zivilisation Europas war, durch den Nationalstaat und durch die Hauptstadtrolle um ihren Charakter gebracht worden ist.

Literatur

Paolo Portoghesi, *Roma un'altra città*, Rom 1968.

Franco Ferraroti, *Roma da capitale a periferia*, Bari [2] 1971.

Contro Roma Sammelband mit Beiträgen von Dario Bellezza, Libero Bigiaretti, Ignazio Buttitta, Pietro A. Buttitta u.v.a. Introduzione von Alberto Moravia. Bompiani, Mailand 1975.

Antonio Cederna, *Mussolini urbanista. Lo sventramento di Roma negli anni del consenso*, Rom / Bari 1979.

Rudolf Lill, *Hauptstadtprobleme im modernen Italien*, in: *Hauptstädte in europäischen Nationalstaaten*, herausgegeben von Theodor Schieder und Gerhard Brunn, München / Wien 1983.

Ders., *Geschichte Italiens in der Neuzeit*, Darmstadt [4] 1988, passim.

Von den neueren Rom-Führern in deutscher Sprache ist besonders zu empfehlen: *Rom und Latium*, bearbeitet von Anton Henze, Stuttgart 1962 (Reclams Kunstführer Italien Bd. V).

Die Guida d'Italia del Touring Club Italiano, *Roma e Dintorni* ([7] 1977) informiert noch ausführlicher, neigt aber zur Verharmlosung der urbanistischen Fehlentwicklungen der letzten Jahrzehnte.

Volker Kapp

Moderne Großstadt und archaische Welt

Das Bild des modernen Rom in Pasolinis frühen Texten

In seiner Rezension eines Gedichtbandes des in römischem Dialekt schreibenden Mario dell'Arco korrigiert Pasolini 1950 die rein rückwärts gewandte Vorstellung vom Ewigen Rom: Rom sei »die modernste Stadt der Welt«, denn es sei »immer auf der Höhe der Zeit«, zehre aber zugleich die Zeit wieder auf.[1] Dieser in einer Gelegenheitsarbeit geäußerte Gedanke wird sich schon bald als kühn und höchst originell erweisen, richtet er doch die Aufmerksamkeit auf eine bisher völlig verkannte Seite des Ewigen Rom. Das moderne und das archaische Rom gehören für Pasolini zusammen. Die moderne Urbanistik und der wirtschaftliche Umbruch begünstigen das Wachstum von armseligen Vorstädten, in denen unmenschliche Verrohung und archaische Lebensformen in atemberaubender Weise nebeneinander existieren.

Das von Pasolini für die literarische Fiktion entdeckte soziale Klima Roms deckt sich nur teilweise mit der Vorstellung von der unheimlichen Stadt, die seit dem Ende des 19. Jahrhunderts auch mit Rom verbunden wurde.[2] Nach Pasolinis Meinung ist das Spezifische an Rom einer Symbiose des Neuesten mit dem Ältesten, der Großstadtatmosphäre mit vorindustrieller, bäuerlicher Mentalität zu verdanken. Die Denkfigur, mittels derer Pasolini vom Modisch-Modernen zum Archaischen gelangt, ist bemerkenswert: Er beschreibt den Punkt, wo das Zeitenthobene aus dem Modernsten hervorgeht. Baudelaire ist der Vater dieses Gedankens. Er erklärte in seinem Essay über Constantin Guy das Modische als Kennzeichen von Modernität und richtete damit das Augenmerk auf die Möglichkeit, »das Ewige im Vorübergehenden«[3] zu entdecken. Daraus leitete Baudelaire eine neue Art von Großstadtpoesie ab, deren Verfahren Pasolini in den frühen fünfziger Jahren auf Rom anwendet, um jenseits der traditionellen Vorstellung von der Ewigen Stadt die Widersprüchlichkeiten und Eigentümlichkeiten des modernen Rom sichtbar zu machen.

Mit seiner Huldigung an das gegenwärtige Rom bekennt sich der Autor nicht nur zur Großstadt, in der er als homosexueller Außenseiter nach seiner Flucht aus dem Friaul arm, aber frei leben kann. Mit ihr kündigt er bereits wenige Monate, nachdem er dort angekommen ist, die Thematik an, welche ihn fortan beschäftigen wird. Seine literarische Darstellung des modernen Rom erwächst aus der Auseinandersetzung mit dem Milieu, in dem er zunächst einmal notgedrungen, aus Geldmangel, leben muß und das er zugleich braucht, um seinen homosexuellen Neigungen ungehindert nachgehen zu können. Sie ist die Frucht einer Lebenskrise, deren poetischer Niederschlag das schmale Gedichtbändchen *Roma 1950* (Mailand 1960) ist, das den Untertitel *Tagebuch* (*diario*) trägt. Rom liefert die räumliche, 1950 die zeitliche Situierung des Erlebens, von dem die fünfzehn Gedichte dieser Sammlung handeln. Das dichtende Ich steht denn auch gegenüber der äußeren Umwelt im Vordergrund, so daß man nicht von Großstadtpoesie im engeren Sinne des Wortes sprechen kann.

Einen andern Teil der Gedichte aus den frühen fünfziger Jahren hat Pasolini zurückgehalten. Sie sind erst 1975 als Inedita im Anhang zur Neuausgabe der bereits veröffentlichten Sammlungen herausgekommen. (*Le poesie* [*Die Gedichte*], Mailand 1975). Der Dichter hatte sie wahrscheinlich deswegen zurückgehalten, weil sie in ihrer Aussage zu direkt und noch persönlicher als die in *Roma 1950* erschienenen Gedichte waren. Das letzte der Serie aus den Jahren 1950–1951 ist das einzige deskriptive. Es beschreibt einen Streifzug durch eine römische Vorstadt, in der sich selbstgebastelte Elendshütten in unmittelbarer Nachbarschaft zu den bereits wieder verfallenden Mauern neuerer Wohnkasernen befinden und »gegen einen Hintergrund farbloser Metropole« (S. 763) abheben. Der Dreck und der Straßenverkehr mit langen Reihen von Fahrradfahrern und Lastwagen, die Wäsche an den Fenstern, die spielenden Kinder und die herumhockenden alten Frauen sowie die umherstreunenden Jugendlichen beschäftigen den Dichter ebenso wie die soziale Problematik. Dabei will er mit der Darstellung von Einzelschicksalen beispielhaft die Lebenssituation jenes Menschen abbilden, der in den Behausungen dieser Viertel nicht eigentlich wohnt, sondern nur »kampiert« (ebd., S. 764). Das Klischee vom Leben als Pilgerschaft, das in religiösen Texten beheimatet war, erhält so in einem politischen Kontext neue Aktualität. Mit der Anklage der für diese Zustände Verantwortlichen ist eine Liebeserklärung an die Bewohner der Vorstädte gekoppelt. Ihr äußeres Elend verhindere es nicht, daß hier »alles menschlich« (ebd.) ist. In diesem Gedicht klingen die Themen an, die Pasolinis Sicht von Rom berühmt machen werden. Es bildet jedoch eine Ausnahme unter den Dichtungen der frühen fünfziger Jahre, da die Thematisierung des großstädtischen Rom ausgiebiger in der Prosa stattfindet, die teilweise ebenfalls noch stark autobiographisch gefärbt und mit einer Darstellung spezifisch großstädtischer Schauplätze und Konstellationen verbunden ist. Diese frühe Prosa verdient unsere Aufmerksamkeit.

Landläufig wird Pasolinis Rom-Bild mit der mythischen Verklärung des römischen Subproletariats in seinen beiden Romanen *Ragazzi di vita* (1955) und *Una vita violenta* (1959) oder mit den frühen Filmen *Accattone* (1961) und *Mamma Roma* (1962) verbunden. Dies sind sicher die ausgereiftesten Zeugnisse seiner Auseinandersetzung mit dem modernen Rom. Vor ihnen entstand jedoch eine stattliche Anzahl von Texten, die vielleicht weniger ausgewogen, aber für die Untersuchung seines Rom-Bildes besonders ertragreich sind. Sie sind im Sammelband *Alì dagli occhi azzurri* [*Alì mit den blauen Augen*] (it. Mailand 1965; dt. München 1990) erschienen, der auch die Drehbücher der beiden eben genannten Filme enthält. In ihnen wurden die entscheidenden Positionen von Pasolinis Rom-Verständnis abgesteckt. In diesen Texten werden Themen und Motive, ja ganze Episoden der späteren Romane vorweggenommen und dabei Überlegungen angestellt, die in den Romanen selbst nicht mehr vorkommen. Ihre formale Einordnung ist schwierig. Sie sind keine Novellen, weil ihre Handlungsstruktur zu komplex ist. Da sie episodenreich sind, kann man sie auch nicht als Kurzgeschichten bezeichnen. Auf der Suche nach möglichen Romanhandlungen weiß Pasolini noch nicht, wie er das Erzählte motivieren soll und richtet so sein ganzes Augenmerk auf die Schilderung der römischen Schauplätze, an denen sich das Geschehen abspielt. Die Beschreibung ist jedoch nicht Selbstzweck, wie etwa in Stadtimpressionen oder Reisebeschreibungen, sondern eingebunden in Handlungsskizzen und Milieustudien.

Der erste Text der Sammlung und das kühnste unter diesen frühen Prosastücken trägt den Titel *Squarci di notti romane* [*Teile aus römischen Nächten*], wobei das Wort »squarci« polysem ist. Auf den Inhalt bezogen besagt es, daß hier ein Ausschnitt aus dem nächtlichen Treiben in der Großstadt Rom gezeigt wird. Auf die Form bezogen verweist es gleichzeitig auf das Fragmentarische dieses Textes. Wie Restif de la Bretonne in den Jahren der Französischen Revolution mit seinen literarischen Erkundungen des nächtlichen Paris möchte Pasolini mit seinen Skizzen zum nächtlichen Rom Zustände und Verhältnisse festhalten, denen er ansonsten mittels literarischer Fiktion nicht beizukommen vermag. Der Text besteht aus sechs durch römische Ziffern unterschiedenen Teilen, die ihrerseits wiederum neben der üblichen Einteilung in Abschnitte gepunktete Linien zur Abtrennung einzelner Partien enthalten. In den zweiten Teil werden ein drucktechnisch hervorgehobenes Prosagedicht, in den dritten datierte tagebuchartige Fragmente eingeschoben.

Den Anfang bildet eine Beschreibung der Nächte im März, bei der visuelle Elemente und Gerüche im Vordergrund stehen. Der Verkehr zwischen Ponte Milvio und San Paolo bringt phantastische Lichterscheinungen auf dem Wasser des Tiber hervor, deren Reiz nur von der Gewalt der Gerüche übertroffen wird. Die Arterien des römischen Nachtlebens werden evoziert, der Frühling wird, indem er als Zeit der aufkeimenden Natur dargestellt wird, sexualisiert und der Schmutz wie ein Aphrodisiakum behandelt. Die antiken Monumente fungieren als Kulissen des Nachtlebens – das Teatro di Marcello, das Kolosseum, die Caracalla-Thermen oder der Circus Maximus sind für die einfachen Burschen aus den Vorstädten nichts als »ein Trümmerhaufen von Steinen« (ebd., S. 17) – und kommen wie die Pissoirs als Begegnungsstätten für das Ausleben eines elementaren Trieblebens ins Blickfeld.

Das nächtliche Rom ist ein Theater entfesselter Leidenschaften. Die Homosexualität ist nicht das eigentliche Thema, wohl aber der eigentümliche Kristallisationspunkt für die literarische Vergegenwärtigung der Stadt. Rasch wechselnde Schauplätze ziehen vorüber. Sie erlauben das Anknüpfen von Kontakten und werden in andern Erzähltexten zu den Orten, an denen sich das eigentliche Leben abspielt, beispielsweise in den *Studi sulla vita del Testaccio* [*Studien über das Leben in Testaccio*], einer Skizze über den gleichnamigen römischen Stadtteil. In *Notte sull'ES* [*Nacht über dem ES*] wird das Schicksal des Halbwaisen Raffaele in einer raschen Abfolge von Leiderfahrungen erzählt. Die Fahrt auf der Esterna Sinistra ist das durch den Titel herausgehobene Motiv; und die bereits auf die späteren Filme vorausweisende Technik der Wiedergabe einer langen Folge von Stadtkulissen stellt das einprägsame Charakteristikum des Textes dar. Pasolini beleuchtet auf diese Weise schlaglichtartig ein unbekanntes Rom und verfremdet bekannte Sehenswürdigkeiten, um die kultische Bewunderung römischer Kunstwerke und Baudenkmäler zu hinterfragen.

Typisch für sein Verfahren ist die Darstellungsweise der Gestalt des Professors Giubileo in der gleichnamigen Erzählung, die er im Untertitel als *Fragment einer Romanhumoreske* bezeichent. Die homosexuellen Neigungen Giubileos werden hier bereits durch eine erste Episode ins Burleske gewendet: Am Eingang der Toilette eines römischen Vorstadtkinos erspäht Giubileo einen Jungen, mit dem er auf ein Baugelände geht, von wo er eine ihm unerklärliche üble Duftnote mitbringt. Der Geruch wird für den armen Giubileo zur Obsession. Er ist durch eifriges Händewaschen nicht wegzubekommen und rührt, so stellt sich nach einer peinlichen Fahrt in der Straßenbahn, einem guten Abendessen und einem weiteren Kinobesuch heraus, vom Kot her, mit dem sich der Professor bei seinem Abenteuer an der Hose beschmiert hat. Der Sinn dieses grotesken Mißgeschicks wird deutlich, sobald dasselbe Thema in einer zweiten Episode während der kulturellen Erkundungen des Professors wiederkehrt. Ironisch apostrophiert Pasolini dort einen sonntäglichen Museumsbesuch mit der einleitenden Bemerkung, Giubileo sei »die

Idee eines neuen Lebens« gekommen. Die Anspielung auf Dantes *Vita nuova* bildet den Auftakt einer höhnischen Schilderung steriler Museumsatmosphäre. Giubileo entschwebt in die Gefilde des reinen Geistes und kokettiert nun statt mit einem schmuddeligen Vorstadtjungen mit einer antiken Apollo-Statue. Witzigerweise läßt der Erzähler eingangs seinen Protagonisten selbst eine Beziehung zwischen animalischem Sex und geistigem Eros durch die lateinische Maxime herstellen: »Defecatio matutina est tamquam medicina« (S. 62). Pasolini amüsiert sich dabei, mit einer Anhäufung von Partizipien die Verfassung des Museumsbesuchers zu charakterisieren und dabei virtuos die Fossilien des Romkultes zu desavouieren: »So entleert, sterilisiert, desinfiziert, abgekratzt, abgestaubt, abgerieben, geronnen, wiedergeboren, gesotten, aufgeknöpft – und gleichsam entleibt – ging er zwischen den Standbildern aus Marmor, Porphyr und Bronze herum, als wäre auch er, wenn auch nicht aus so edlem Stoff, so doch wenigstens aus Gips, aus Karton, aus Kasein, aus Zellophan« (ebd.). Nachdem die Ergebnisse körperlicher und geistiger Läuterung in der Feststellung gipfeln, Giubileo sei gleichsam entleibt, vollendet der Parallelismus zwischen den edlen Materialien der Kunstwerke und den wertlosen Stoffen, aus denen er gemacht sein soll, die Zerstörung der Aura, mit der Romreisende gewöhnlich die Ewige Stadt umgeben.

Der tiefere Sinn dieser literarischen Humoreske über römischen Fäkaliengeruch enthüllt sich nun, wenn man die Kirchensatire mitberücksichtigt. Giubileo ist nach dem Heiligen Jahr benannt, das 1950 Tausende von Pilgern in die Heilige Stadt der Katholiken zog. Die ganze Humoreske hat also eine antikirchliche Stoßrichtung, deren Pointe in der Umkehrung der durch die römische Kirche vertretenen Wertvorstellungen liegt. Pasolini verbindet also sein Plädoyer für das moderne mit einer Kritik am traditionellen Rom und dessen katholischer Ausrichtung. Die Titelgestalt, die durch ihren Namen mit dem Heiligen Jahr und durch ihre kulturellen Ambitionen mit der von der Kirche propagierten Rom-Idee verbunden ist, fühlt sich infolge der Inbesitznahme der Stadt durch die Kirche in ihren Lebensgewohnheiten beeinträchtigt. In gestraffter Manier nennt der Autor die Besonderheiten des Jahres 1950 in der zum Tummelplatz der Katholiken gewordenen »Hauptstadt«: »Durch die Straßen und über die Plätze zogen häufig lange Prozessionen mit einem nackten, einfachen Kreuz an der Spitze; förmlich bei jeder Hundepißstelle sah man die mittelalterlichen und römischen Mauern, die bedeckt waren mit Heiligen- und Marienbildern; Edellimousinen, aus deren Polster das Karmesinrot bischöflicher Kleider hervorstach, fuhren die Hauptadern der Stadt entlang... Die Seligsprechungen in Sankt Peter liefen in beeindruckendem Rhythmus ab, und die staatlichen und kirchlichen Feiern füllten allmählich die von den Kriegswirren zurückgebliebene Leere auf« (ebd., S. 55). Diese katholische Invasion wird in der Humoreske dafür verantwortlich gemacht, daß Giubileo zwei völlig gegensätzliche Erlebnisse mit römischem Unrat hat.

Die beiden Episoden des Romanfragments könnte man als ein Diptychon interpretieren, das aus der Verunreinigung beim Liebesabenteuer einerseits und der Reinigung beim Museumsbesuch andererseits besteht. Doch den Fäkaliengeruch, der zunächst die Umwelt an Giubileo stört, nimmt dann dieser selbst an einer Apollo-Statue wahr. Sie ist aus dem Bett des Tiber gezogen worden, das Pasolini mit den jahrhundertealten Relikten einer Kloake gleichsetzt. Daher trägt die Skulptur trotz aller Reinigung durch Restauratoren noch immer die Spuren ihrer Herkunft – sie kommt aus dem Dreck an sich – und wird selbst zu einer Ausgeburt des Schmutzes, den der Moloch Rom von sich gibt.

Die Nivellierung des erhabenen, antiken und des banalen, modernen Rom ist damit vollendet. Die Geschichte des Ewigen Rom reduziert sich auf eine bis heute dauernde Abfolge von moralischem und animalischem Dreck. Das eigentliche Leben wird sich außerhalb der von Katholizismus und Romgedanken besetzten geistigen und geographischen Räume abspielen müssen. In der Humoreske läßt der Autor Giubileo dieses Rom der ewigen Korruption fluchtartig verlassen; in seinem weiteren literarischen und filmischen Schaffen ist Pasolini selbst hingegen bemüht, sich immer wieder dort anzusiedeln, wo diese moderne Großstadt ihr eigenes Gesicht hat. Giubileos Wunsch nach einem »neuen Le-

Klemens Gruber

DIE ZERSTREUTE AVANTGARDE

Strategische Kommunikation im Italien der 70er Jahre

(Maske und Kothurn. Internationale Beiträge zur Theaterwissenschaft. Beiheft 15.
Hrsg. v. Institut für Theaterwissenschaft an der Universität Wien)
1989. 176 S., 40 SW-Abb. Brosch. ISBN 3-205-05243-9

Was hat "sweet Mao" mit dem Dadaismus zu tun? Was Majakovskijs "Wolke in Hosen" mit den Telefonanrufen bei einem freien Radiosender in Bologna? Und was eine Fälschung des "Corriere dello Sport" mit dem Ausscheiden der Italiener bei der Fußballweltmeisterschaft?
Als Mitte der 70er Jahre in Italien das staatliche Monopol über den Äther zusammenbricht, stellt sich die Frage nach dem Verhältnis von Avantgarde und Massenkommunikation auf neue Weise. Die künstlerischen Experimente des frühen 20. Jahrhunderts haben längst die ihnen vorbehaltenen oder zugewiesenen Versuchsfelder verlassen und werden durch die Massenmedien gezähmt. So ist die Frage nach der Aktualität der "historischen Avantgarde" untrennbar verbunden mit einer radikalen Kritik der Kommunikationsindustrie.
Umberto Eco sprach davon, daß man der Versuchung nicht widerstehen könne, in solchen Unternehmungen das bislang letzte Kapitel der Geschichte der Avantgarde zu sehen: "Diese Generation hat den Traum der historischen Avantgarde verwirklicht. Sie sprachen wie Beckett oder wie Joyce. Aber keine Gruppe kann sich Tag für Tag ihren Code neu schaffen, ohne sich damit zur Auflösung zu verurteilen."
Auflösung jedoch auch im Sinne einer Zerstreuung: einer Vertreibung aus dem Laboratorium der schönen Künste einer Ausbreitung über die gesamte Oberfläche des Gesellschaftskörpers. Das ist die Bestimmung der zerstreuten Avantgarde.

ben« wird Pasolini im Archaischen der Lebensverhältnisse unter den Bewohnern der römischen Borgate verwirklicht sehen. Mit Blick auf diese Vorstädte deutet er Rom als Schnittpunkt modernen Großstadtlebens mit archaischer Welt und entwirft die Utopie einer neuen Gesellschaft, in der jenseits antiker, christlicher und kapitalistischer Einflüsse ein unverbildeter, ursprünglicher Mensch lebt.

Anmerkungen

1 Zitiert bei Enzo Siciliano, *Pasolini Leben und Werk*, Frankfurt a. M. 1985, S. 206.
2 Vgl. dazu Titus Heydenreich, »Das ›unheimliche‹ Rom in der Literatur des 19. und 20. Jahrhunderts«, in: *Aspekte des Erzählens in der modernen italienischen Literatur*, herausgegeben von U. Schulz-Buschhaus und H. Meter, Tübingen 1983, S. 177–200.
3 Hans Robert Jauß, *Literaturgeschichte als Provokation*, Frankfurt a. M. 1970, S. 54.

Antonello Trombadori

Ecce Roma…

Anlässe und Themen meiner Gedichte

Einführung

In Zeiten der spektakulären Siege regionaler Wählergemeinschaften (Lega lombarda u. a.) empfiehlt es sich, den Blick zu richten auf das »verborgene Italien«, *The hidden Italy*, wie Hermann W. Haller seine 1987 in Detroit erschienene zweisprachige Anthologie betitelte. The hidden Italy: Gemeint ist eine seit bald vierhundert Jahren lebendige Mundartliteratur. Gnade vor den Augen unserer Literaturhistoriker findet diese zumeist nur dann, wenn es sich um Texte von Gian Battista Basile (1575–1632) oder Carlo Goldoni (1707–1793) handelt. Und dies, obwohl seit dem ausgehenden 18. Jahrhundert und – noch dezidierter – seit den Jahrzehnten des Risorgimento die Praxis und die Qualität sowie die überregionale Ausstrahlung dieser Literatur als Signale kultureller wie politischer Selbstbehauptung oder aber ebensolcher Identitätskrisen zu werten sind. Ausgerechnet seit 1870 fällt – bis heute – auf: Stets dann, wenn der Rom-Zentralismus als wirtschaftspolitisches Hemmnis, als mit Mailand, Florenz, Venedig oder anderen Metropolen kulturell nicht konkurrenzfähig empfunden wird, blüht und gedeiht Mundartliteratur in Sizilien, in der Lombardei, in Neapel, im Veneto…

Und in Rom. Am Anfang des romanesken Wortes war Giuseppe Gioachino Belli (1791–1863). In der literarischen Landschaft seiner engeren Heimat und, vor allem, Italiens insgesamt ist Giuseppe Gioachino Belli ein einsamer Vulkan, dem mit vertrauten Etikettierungen (Romantik…) nicht beizukommen ist. Belli: Das ist die ausdrucksgewaltige Stimme des religiösen Hasses, der sozialen und darüber hinaus existenziellen Verzweiflung im vergammelten Staat der Päpste Leo XII. und Gregor XVI.

Giacomo Leopardi (1798–1837), Bellis Generationsgenosse, ergeht es in unseren Breitengraden gut, denn er schrieb nicht »in romanesco«. Belli blieb und bleibt trotz der tapferen Eindeutschungsversuche Paul Heyses sowie zweier jüngerer Anthologien (*Die Wahrheit packt dich…*, übersetzt v. O. E. Rock, München 1978; *Die Wahrheiten des G. G. Belli: Römer, Huren und Prälaten*, Frankfurt a. M. 1984) ein Dichter des »verborgenen« Italien. Ähnliches gilt aber auch für die späteren Großen: für Cesare Pascarella (1858–1940), der die Geschichte Italiens bzw., passend zum Jubiläum von 1892, die Entdeckung Amerikas in Sonettzyklen nachzuerzählen suchte; oder für Trilussa (Carlo Alberto Salustri, 1871–1950), der in dunklen *consenso*-Jahren ein unverfrorener Faschismus-Spötter war. Als »figlio illegittimo del Belli« bezeichnete sich der *Unità*-Journalist Maurizio Ferrara, als er 1975 – zunächst anonym – seine »sonetti rossi« in einem (reißend abgesetzten) Garzanti-Taschenbuch präsentierte (*Er compromesso rivoluzzionario. I sonetti di un figlio illegittimo del Belli* [*Der revolutionäre Kompromiß. Die Sonette eines geistigen Sohnes von Belli*]). »Söhne Bellis« sind heute freilich alle, die in römischer Mundart zu schreiben wagen… Zumal sie alle, wie einst Belli, nicht (nur) zum Spaß schreiben.

Dies gilt auch für Antonello Trombadori, 1917 in Rom als Sohn des Malers Francesco Trombadori (1886–1961) geboren, »eigentlich« Kunstkritiker aus der Schule von Pietro Toesca und Roberto Longhi, zunächst jedoch in der Resistenza gegen Faschismus und, ab 1943, gegen deutsche Besatzungstruppen kämpfend, von der SS verhaftet und – so schreibt er – »miracolosamente scampato all'eccidio delle Fosse Ardeatine« [wie durch ein Wunder dem Blutbad der Fosse Ardeatine entkommen]. Von 1956 bis 1965 war Trombadori im Zentralkomitee der KPI, von 1956 bis 1968 im Stadtrat Roms, von 1968 bis 1984 Abgeordneter im Parlament. Seit Jahren engagiert er sich für eine liberale Erneuerung seiner Partei. In der kulturpolitischen Arena wirkte er von 1954 bis 1957 als Direktor der Wochenzeitschrift *Il Contemporaneo*, von 1960 bis 1970 als Leiter der römischen Kunstgalerie La nuova Pesa und – last not least – als Kolumnist des *Messaggero*. Aus den dort nach und nach publizier-

Antonello Trombadori
Foto: Sergio Ceccotti

ten Sonetten entstanden zwischen 1979 und 1988 drei Sammelbände. Sie dokumentieren die sozialkritische, humane Themenbreite dieses römischen *Homme de lettres*. Und sie dokumentieren einmal mehr den Reichtum, die Potenz des »romanesco«, all dem, was hier gesagt werden soll, das adäquate Sprachmaterial zu liefern.

Ein letzter Hinweis: Antonello Trombadori war es, der dem spanischen Lyriker Rafael Alberti (geb. 1902) in den Jahren des römischen Exils (1963–1977) mit der Dichtung des »inneren Emigranten« Giuseppe Gioachino Belli vertraut machte. Daraus entwickelte sich lyrischer Dialog mit Belli und mit Rom insgesamt: in dem liebens- und empfehlenswerten Bändchen *Roma, peligro para caminantes* [*Rom, Gefahr für Spaziergänger*] (1968; seit 1976 mehrere Auflagen bei Seix Barral, Barcelona).

Titus Heydenreich

Seit jeher trieb es mich, Bilder, die mir von Liebesgefühlen eingegeben wurden, in Verse umzusetzen. Und ich habe dies privat getan, allein für mich, aus verschiedenen Anlässen – vor allem, wenn die Liebe sich dem Ende zuneigte (nicht meinerseits, sondern seitens der geliebten Frau). 1977 geschah es dann, daß ich, mit sechzig Jahren, aus der Privatsphäre heraustrat und bei Vanni Scheiwiller – einem doch eher strengen Verleger – einen kleinen *Canzoniere d'amore* veröffentlichte – so jedenfalls ist er allgemein von einer aufmerksamen, kritischen Leserschaft definiert worden. Er trägt den Titel *I segni eugubini* [*Die eugubinischen Zeichen*], ist also nach der altehrwürdigen Stadt Gubbio, dem Ursprungsort jener »Monna« Paola, von der in diesem Band die Rede ist, benannt.

Die *Sonetti romaneschi* hingegen habe ich erst 1975 zu schreiben begonnen. Zwar entstanden auch diese Verse unter einem autobiographischen Diktat, aber ich habe sie gleich an die Öffentlichkeit gebracht. Sie sind die Früchte einer langen, nie unterbrochenen Lesegewohnheit, die mir fast zur Lebensgewohnheit geworden ist, nämlich der Umgang mit dem unsterblichen Werk von Giuseppe Gioachino Belli: Zu einem bestimmten Zeitpunkt meines Lebens, angestachelt vor allem vom Willen, an den Debatten über gesellschaftliche und politische Konflikte teilzunehmen, ließ mich die angestaute Fülle von Belli-Rhythmen und Belli-Indignationen ganz plötzlich aus den Fugen geraten:

A rilèggeme er Belli, certe vòrte,
Me pija come 'na spece de cupezza,
Na vojja d'addrizzà le cose storte
Un bisoggno potente de sarvezza.

Quello sapeva uprì tutte le porte
P'arivà a scuperchià mmerda e mmonnezza,
Ma poi ciaveva puro la grannezza
De guardà in faccia er gruggno de la morte.

[Manchmal, wenn ich Belli wieder lese, / packt mich so etwas wie ein dumpfer Drang, / ein Wunsch, die schiefen Dinge gerade zu rücken, / ein mächtiges Verlangen nach Bewahrung. / Der schaffte es, alle Türen zu öffnen / und die Scheiße und den Dreck bloßzulegen, / und außerdem hatte er noch das Format, / der Fratze des Todes ins Gesicht zu blicken.]

Und so habe ich zwölf Jahre lang Woche für Woche in der Rubrik »Cronaca di Roma« des *Messaggero* ein Sonett veröffentlicht: über die verschiedensten Themen, aber fast immer mit Bezug auf das Leben der Stadt. Der erste Jahrgang der *Messaggero*-Sonette wurde als Weihnachtsbeilage der Zeitung gesammelt herausgegeben, mit der schönen Zeichnung von Lorenzo Vespignani zu der von mir imaginierten Metamorphose der Berninischen Ludovica Albertoni in einer der aufreizenden Najaden des Esedra-Brunnens (Sonett *P'ammazzà la morte!*, *Den Tod umbringen*). Später, 1984, kam bei Newton Compton unter dem Titel *Indovinela-grillo* [*Rat' mal schön!*, oder auch: *Das Punktierbuch*] eine zweite Sammlung von zweihundert Sonetten heraus. Und vor zwei Jahren unter dem Titel *Ecce Roma* die endgültige Anthologie von dreihundert Sonetten. *Ecce Roma* präsentiert von meinen über sechshundert Gedichten die meines Erachtens besten und bildet eine Art Chronik von mehr als einem Jahrzehnt: »Promenades dans Rome« und zugleich »Journal intime«. Die Sammlung ist endgültig: Denn ebenso plötzlich, wie meine romaneske Quelle zu sprudeln begonnen hatte, versiegte sie wieder. Und nach dem Sonett über Silvana Mangano – »jeune fille en fleur« –, das die Sammlung beschließt, habe ich keine Zeile mehr geschrieben:

Silvana

Mica lo sò perché te chiamai Fiore,
Troppo facile a ddì perch'eri bbella,
Perché cciavevi un viso de modella
Da fa ammattì er pennello der pittore.[1]

Troppo facile a ddì perché ner còre
Che me sbatteva forte a campanella
Te sentìi luccicà come 'na stella
De la Madonna der Divin'Amore.

Sì, ma allora perché, perché da allora,
da quanno me guardassi sur zagrato
De San Gregorio ar Celio[2] *er nome infiora?*

È perché solo er fiore nun fenìssce,
Pò stiggne drent'ar libbro der passato
Ma è ssempre vivo puro si appassissce.[3]

18 novembre 1987

[Nicht daß ich etwa wüßte, warum ich dich so nannte: Blume. / Zu einfach wäre, ich sagte: weil du schön warst, / weil du ein Gesicht hattest wie ein Modell, / das den Pinsel des Malers betörte. // Zu einfach, wenn ich sagte: weil im Herzen, / das in mir so stürmisch schlug, / ich dich glimmen fühlte wie einen Stern / der Madonna del Divino Amore. // Ja, aber warum dann, warum ist, seitdem / du mich anschautest auf dem Platz / vor San Gregorio al Celio, dein Name: Blume? // Weil nur die Blüte allein

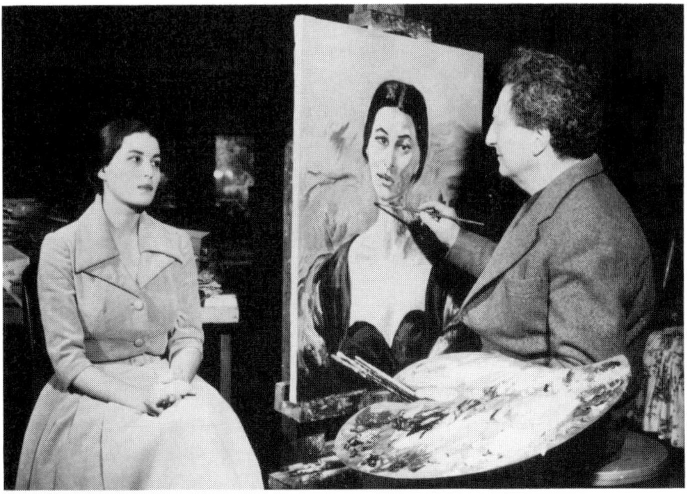

Rom, Villa Strohl-fern 1956: Carlo Levi porträtiert in seinem Atelier die Schauspielerin Silvana Mangano (1930–1989).
(Foto durch freundliche Vermittlung von Antonello Trombadori)

nie endet; / sie kann vergehen zwischen den Seiten im Buch der Vergangenheit, / aber auch verwelkt bleibt sie doch immer lebend].

Obwohl mir Männer vom Fach (Kritiker, Philologen) wie Pietro Gibellini und Muzio Mazzocchi Alemanni (der das Vorwort zu *Ecce Roma* schrieb) und ferner ein Dichter wie Mario dell' Arco zuverlässige Reisepapiere ausstellten, brachte die Literaturwelt für meine romanesken Verse nicht viel mehr als Duldsamkeit auf. Mit Ausnahme von drei Gelehrten: der leider verstorbene Dante-Experte Giorgio Petrocchi, der Boccaccio-Kenner Vittore Branca und der Latinist Antonio Mazzarino – Namen, die keiner weiteren Erläuterung bedürfen. Ferner gibt es zu *Ecce Roma* eine Rezension von Leonardo Sciascia. Dort heißt es: »Antonello Trombadori kann die Sonette von Belli auswendig und sagt sie oft auf. Ich behaupte nicht gerade alle 2283, sicher aber die, in denen die »Lebensweise« der wirklichen, echten Römer sozusagen eine topographische Ausgestaltung findet: in Form von Straßen, Plätzen, Kirchen. Seine Kenntnis von Rom, seine Liebe zu Rom, seine Wanderungen durch Rom sind durchzogen von der Erinnerung an die Verse Bellis. Woraus nicht nur das zustande kommt, was Giorgio Vigolo die Belli-Intarsien in seinen Versen nennt, sondern auch die präzise Einfügung einer Begebenheit, einer Persönlichkeit, einer Impression, eines Urteils in die vierzehn Verse eines Sonetts.« Und dann gibt es noch einen persönlichen Brief – von einem der größten lebenden Schriftsteller, dessen Namen ich nicht nenne, dessen Worte ich aber wiedergeben möchte: »Welch schönes Geschenk hast du mir (hast du uns allen) mit diesen romanesken Sonetten gemacht! Dort finde ich, wenn ich versuche, sie mit dem Auge der Nachwelt zu lesen – wie man sie nach einem Jahrhundert lesen wird (was für ein komisches, unglaubliches Datum stell dir das vor: zweitausendachtundachtzig!) –, ein kostbares, geistvolles und bitteres Zeugnis nicht nur der Hauptstadt in ihrer krisenreichen Gegenwart, sondern unserer Zeit insgesamt, bestehend aus kleinen Erbärmlichkeiten des Alltags und großartigen Ironien der Geschichte. Ein Zeugnis, jawohl. Aber das Zeugnis eines Dichters. Und zwar das eines wahren Dichters, wenn du Chronik und Geschichte ein wenig beiseite läßt, deine Aufmerksamkeit hinlenkst auf Veränderungen der Tages-, der Jahreszeit, auf eine Farbe, auf eine Melodie. Damit meine ich, daß Gedichte wie *Er fischio, Lungotevere dei Sangalli, l'istate, Li colori, Rose romane* [*Das Pfeifen, Lungotevere dei Sangalli, Der Sommer, die Farben, Römische Rosen*] (und viele andere, Epitaphien, Trauer- oder Gedenkverse für liebe Verstorbene) nach meinem Vorurteil oder Urteil von seltener Qualität sind und – ohne Schaden für das tagtägliche staatsbürgerliche Engagement – einen fruchtbaren, bewegenden Weg zeigen.« Usw. usw.

Und wirklich: *I colori di Roma* [*Die Farben von Rom*] waren es, die mir die wertvollsten Hinweise gaben dafür, wie man eine Empfindung in Versen sichtbar machen und ihnen die Perspektive von Bildern geben kann. Farben sind es, die ich vor Augen habe seit meiner Geburt, an einem gleichsam strahlenden Ort, wo mein Vater, der Maler Francesco Trombadori (und Maler eines verzauberten Roms, wie der große Kunsthistoriker Roberto Longhi schrieb, wo jedoch die volle Sonne von schwarzen Augengläsern verdunkelt wird und sich gleichsam in ein schweigendes Vollmondlicht verwandelt; ein Rom vor jenem Zeitalter der Parkplätze, das die Stadt weit gründlicher vernichtet hat als viele Zerstörungen), mehr als ein halbes Jahrhundert lang sein Atelier hatte: die Villa Strohl-fern.

Eines der von meinem Dichter gepriesenen Sonette ist denn auch vom Licht und von den Farben der Villa Strohl-fern durchflutet:

Rose romane

A ggennaro si sfonna un pò de sole
Te penzi che l'inverno sìi fenito
E dde vedé spuntà primule e vviole
Ner giardinetto vòto e intirizzito.

Puro er gatto arifà le crapiole
E s'ariallonga mezzo inzonnolito
Tra li ciuffi ingialliti de l'ajole
Come si er freddo se ne fusse ito.

Ma in du' menuti er cèlo s'annerissce,
Rintrona, piove fitto in mezz'ar prato,
Va vvia la luce e ttutto s'incupissce.

Sortanto a Villa Stròffe, inverno o istate,
Autunno o pprimavera, un pergolato
Fiorisce sempre rose profumate.

[Römische Rosen: Im Januar kommt ein wenig Sonne durch, / du denkst, daß der Winter vorbei ist, / und meinst, Primeln und Veilchen sprießen zu sehen / im leeren und erstarrten kleinen Park. // Auch die Katze macht wieder ihre Sprünge / und streckt sich schon halb im Schlaf / zwischen den gelblichen Büscheln der Beete / als sei die Kälte bereits gewichen. // Aber in wenigen Minuten verfinstert sich der Himmel, / es donnert, es regnet in Strömen auf die Wiese, / Das Licht weicht und alles verdüstert sich. // Nur in Villa Strohl-fern, sei es Winter oder Sommer, / Herbst oder Frühling, führt ein Laubengang / stets blühende, duftende Rosen.]

Erbauer und Besitzer von Villa Strohl-fern war seit 1870 der elsässische Bildhauer und Schriftsteller Wilhelm Strohl, der seinem Namen das Adjektiv »fern« beigegeben hatte. Aus dem herrlichen Park wurde nach seinem Wunsch eine Art Künstlerkolonie. 1926 vermachte Strohl-fern Villa und Park dem französischen Staat. Seit Jahren wütet um die Villa Strohl-fern ein regelrechter Befreiungskrieg. Befreiung nicht von Frankreich, sondern von der verheerend schädigenden Verwendung als Schule, als Sitz des französischen Lycée Chateaubriand. Man halte sich ferner vor Augen, daß die 80000 Quadratmeter der Villa im Herzen Roms nördlich der Villa Borghese liegen.

In der erwähnten Künstlerkolonie wohnte im Jahre 1904 Rainer Maria Rilke: in den Räumen, die er selbst, auf italienisch, »studio al Ponte« (Studio zur Brücke) nannte. Von dort schrieb er lichtvolle Briefe an Lou Andreas-Salomé. Zum Beispiel: »Die Nächte sind kaum mehr kühl und der geschäftige Lärm der Frösche ist ihre Stimme. Die Eulen rufen seltener und die Nachtigall hat noch immer nicht begonnen... [...] Ein Baum ist aber doch

im Garten, der auch im Toskanischen, in einem alten Kloster, stehen könnte: eine hohe alte Cypresse, ganz durchwachsen von einem Zug von Glycinien, die nun überall, bis hoch hinauf, aus dem Dunkel des Baumes ihre leichten blau-violetten Gehänge steigen und fallen lassen –; das ist Freude.«[4]

Über Rilkes Studio hätte ich eigentlich ein Sonett schreiben müssen. Denn es zerfällt zusehens, obwohl es noch gerettet werden könnte, dort an der Wegbrücke des Viale dei Pericoli in Richtung Museo di Villa Giulia, zwischen den jahrhundertealten Eichen und den Wiesen voll wilder Alpenveilchen. Möge dieser Appell in einer deutschen Zeitschrift bewirken, daß auch Instanzen der Bundesrepublik in Rom sich für die Rettung von Villa Strohl-fern und für die Wiederherstellung von Rilkes römischem Wohnort einsetzen, womöglich noch im blau-violetten Lichte der alten Glycinien, die allmählich verblühen werden:

Er glìcine ha cacciato tutt'a un botto
sur terazzino che scuperchia er tetto,
Me ne sò accorto perché ggiù de sotto
Dar profumo me s'è a slargato er petto.

Arzo l'occhi e cche vvedo? Un manicotto
De bboccoli pizzuti, prima stretto,
Poi che s'allarga a fforma de casotto,
Tutto lilla ceruleo e vvioletto.

Pennènti da li muri o rampicanti
Ancora a Roma che se sò ssarvati
Ve ne sò certi vecchi ppiù de me.

A Vvilla Stròffe, a radiche ggiganti,
A la Rescèli, a ppizzi ricamati,
E, a fiamma, a la Casina Valadiè.

[Die Glycinie ist ganz plötzlich / auf die kleine Terrasse vorgestoßen, die das Dach überragt. / Ich habe es bemerkt, weil unten / vom Duft sich mir die Brust geweitet hat.// Ich hebe den Blick, und was sehe ich? Einen Muff/ aus spitzen Röhrchen, erst eng,/ der sich dann erweitert zur Form einer Laube, ganz lila blau-violett.// Hängend von den Mauern oder kletternd/ noch haben sie sich in Rom erhalten,/ manche von ihnen sind älter als ich.// In Villa Strohl-fern, mit gigantischen Wurzeln,/ bei Araceli als goldgestickte Spitzen/ und, flammend, an der Casina Valadiè.]

Übersetzung: Hildegard Heydenreich

Anmerkungen

1 Gemeint ist Carlo Levi (1902–1975), der 1956 in seinem Atelier von Villa Strohl-fern Silvana Mangano mehrfach porträtierte: vgl. neben unserem Foto auch die Abbildungen in *Ecce Roma*, S. 361, sowie die mit Erläuterungen versehenen Bilder im Katalog *Carlo Levi si ferma a Firenze*, herausgegeben von Carlo Ludovico Ragghianti, Text und Anmerkungen von Carlo Levi, Alinari, Florenz 1977, S. 95.

2 Erinnerung an eine »passeggiata« durch das abendliche Rom, September 1948 (vgl. *Ecce Roma*, Anm. 2 zum Text, S. 362).

3 A. T. verweist ebd., Anm. 3, auf den Maler Mario Mafai, der getrocknete Blumen malte, um sie so dem Zerfall und dem Zugriff der Zeit zu entreißen.

4 Die Rilke-Stelle wird von Trombadori in italienischer Sprache wiedergegeben. Hier zitiert nach: Rainer Maria Rilke, Lou Andreas-Salomé, *Briefwechsel*, herausgegeben von Ernst Pfeiffer, Insel, Frankfurt a. M. 1975, S. 147–148.

Helene Harth

Montecchio

Portrait einer Stadt und ihres Literaturpreises

Als Rino Sanders 1979 in der Wochenzeitung *Die Zeit* über die Schwierigkeiten bundesdeutscher Kulturarbeit in Italien nachdachte, registrierte er neben zahlreichen institutionellen und personellen Hürden für gut funktionierende Kontakte zwischen den beiden Ländern auch einige erfreuliche Gegenbeispiele unbürokratisch gelungener Initiativen: »Wie guter Wille und Passion einzelner Persönlichkeiten in diesem so gearteten Land Gewicht bekommen, mag der ›Premio Montecchio‹ bezeugen. Alle zwei Jahre Ende Mai wird er in dem Städtchen dieses Namens nahe Vicenza in der einzig hier einladenden von Tiepolo (Vater) ausgemalten Villa Cordellina Lombardi verliehen, nun zum drittenmal; gewollt hat das Gian Carlo Giani, Direktor der Stadtbibliothek, und in der Jury sitzen auf deutscher Seite immerhin Hans Magnus Enzensberger, Wolfgang Hildesheimer, Hans Hinterhäuser, Walter Höllerer.«

Der Premio Montecchio existiert seit 1976, also seit nunmehr vierzehn Jahren, und wurde zunächst jährlich, dann im zweijährigen Rhythmus verliehen. Sein erklärtes Ziel ist es, »zur Verbreitung der Kenntnis der kulturellen Leistungen der deutschsprachigen Länder im Bereich der Literatur und der Geisteswissenschaften in Italien beizutragen und zugleich an der Verbreitung der italienischen Kultur in eben diesen Ländern mitzuwirken«, wie es in den Statuten heißt. Außer den von Sanders erwähnten deutschen Italienkennern sind in der Jury der Philosoph Giuseppe Faggin aus Vicenza und eine Reihe namhafter italienischer Germanisten vertreten, die sich auch als Schriftsteller, Übersetzer und Kulturvermittler einen Namen gemacht haben: Giuliano Baioni, Eugenio Bernardi, Giuseppe Bevilacqua, Claudio Magris und Renato Saviane. »Wir sind eigentlich selbst erstaunt«, erklärt der Wiener Romanist, Italienkenner und Übersetzer italienischer Literatur Hans Hinterhäuser, der von Anfang an an der Arbeit der Jury beteiligt war und sie zeitweise auch leitete, »daß dieser Preis sich so konsequent durchgesetzt hat. Zu Beginn wußten wir noch nicht einmal, ob wir ihn regelmäßig würden verleihen können, und schließlich ist er unter den ca. 1500 Literaturpreisen, die in Italien durchschnittlich vergeben werden, nicht besonders herausragend dotiert. Aber er verfügt über eine besondere Atmosphäre und ein besonderes Ambiente. Wir kommen als Jury alle zwei Jahre sehr gerne hierher, um die Preisträger auszuwählen und sind auch beeindruckt von der Art und Weise, wie der Preis von den lokalen Betrieben und der Stadt unterstützt wird. Das kulturelle Engagement dieser Leute ist höchst anerkennenswert.«

Der Preis ist, wie Hinterhäuser ausdrücklich betont, als Preis für den gesamten deutschsprachigen Raum, einschließlich Österreichs und der Schweiz, konzipiert. Finanziell unterstützt wird er bislang allerdings fast ausschließlich von italienischer Seite. Das Deutsche Generalkonsulat in Mailand beteiligt sich regelmäßig mit kleineren Beiträgen, ferner die Stadt Landshut, die mit Vicenza verschwistert ist. Die Liste der bisherigen Preisträger zeigt, daß es der Jury durchaus gelungen ist, aus dem breiten Spektrum anerkannter Italienkenner und kompetenter Kulturvermittler repräsentative Namen auszuwählen. So wurden Bruna Bianchi, Hanno Helbling, Heinz Riedt, Iris Schnebel-Kaschnitz und Laura Terreni für ihre Übersetzungen aus dem Deutschen und Italienischen ausgezeichnet, Klaus Wagenbach für seine verlegerischen Verdienste um die Vermittlung italienischer Kultur in Deutschland; Mazzino Montinari erhielt den Preis für seine epochemachende kritische Ausgabe der Werke Nietzsches, die Germanisten Cesare Cases und Norbert Miller sowie die Komparatistin Lea Ritter-Santini für ihre wissenschaftlichen Arbeiten zur deutschen und italienischen Kultur. Aller Voraussicht nach wird der Preis auch in Zukunft weiter verliehen werden können. Seinem ideellen Initiator und mit der Abwicklung der laufenden Geschäfte beauftragten »Sekretär«, Gian Carlo Giani, Bibliotheksdirektor von Montecchio, einem

Villa Cordellina Lombardi (Südseite)

ebenso bescheidenen wie liebenswürdigen Mann, wurde die Liebe zu Deutschland gleichsam in die Wiege gelegt. Seine Tante war Deutschlehrerin in Valdagno und weckte in ihm wohl schon früh ein Interesse an der deutschen Kultur, das Giani später durch ein Germanistikstudium wissenschaftlich vertiefte. Seine Doktorarbeit schrieb er als Germanist bei Renato Saviane über *Das Veneto in der deutschen Reiseliteratur des 18. Jahrhunderts: Johann Caspar und Wolfgang Goethe*. Doch seine Reiselust blieb nicht auf Schreibtischausflüge oder imaginäre Exkursionen zwischen Buchdeckeln beschränkt. Er wollte Deutschland nicht nur lesen, sondern auch aus praktischer Anschauung kennenlernen. Er lernte die deutsche Sprache und reiste mit einem Stipendium nach Passau, wo er viele Freundschaften schloß und inzwischen auch einen Schüleraustausch zwischen deutschen und italienischen Gymnasiasten zustande gebracht hat. Sein bevorzugtes Transportmittel ist – im Unterschied zu Vater und Sohn Goethe – nicht etwa die Postkutsche oder ihre modernen Nachfolger, Zug und Flugzeug, sondern – ganz unakademisch und für einen Bücherwurm, wie er leicht selbstironisch anmerkt, fast kurios – das Motorrad.

Als die Zeitschrift *Zibaldone* im September 1989 den Premio Montecchio erhielt, reiste ich zum ersten Mal in die kleine Stadt im Vicentino, die ich bisher meist nur aus der Entfernung wahrgenommen hatte. Ein freundlicher Polizist erwartete mich trotz vierstündiger Verspätung der Maschine aus Frankfurt am Flughafen von Venedig und zeigte mir mit sichtlichem Stolz die Sehenswürdigkeiten der Umgebung. Die Gastfreundschaft der Gemeinde und der festliche Akt der Preisverleihung in der mit Fresken des älteren Tiepolo geschmückten Villa Cordellina Lombardi, an dem zahlreiche Vertreter deutscher und italienischer politischer Institutionen, die Initiatoren des Preises und viele Bürger von Montecchio teilnahmen, hinterließen einen nachhaltigen Eindruck. »Wenn man hierher kommt«, meint Giuseppe Bevilacqua, Mitglied der Jury und selbst im Veneto geboren, »hat man den Eindruck, unter wohlhabenden Leuten zu sein. Leute, die aber nicht an Prachtentfaltung hängen, am Schein, wenn Sie so wollen. Unsere Freunde, die den Preis hier alle zwei Jahre verleihen, verbinden bäuerliche Wurzeln mit Gastfreundschaft und Großzügigkeit. Das hat auch etwas mit dem Gegensatz zwischen Venedig und seinem Hinterland zu tun. In Venedig tendiert man aufgrund der ganzen Szenerie und des historischen Hintergrundes eher zur Prachtentfaltung. In den Hügeln des Vicentino dagegen ist man bescheidener, konkreter, vom Geist der arbeitsamen Nüchternheit beseelt, was aber, wie Sie bemerkt haben werden, die Freude am Genießen keineswegs ausschließt.« Erste Kontakte mit den Initiatoren und Sponsoren des Preises, mit Lokalpolitikern und Bewohnern von Montecchio, machten mich neugierig, mehr über die ökonomische und gesellschaftliche Situation des Ortes zu erfahren. Ich beschloß, außerhalb aller offiziellen Festlichkeiten zu einem späteren Zeitpunkt noch einmal zurückzukehren und mir selbst ein Bild zu machen, wie man in Montecchio lebt und welches Interesse ein deutsch-italienischer Kulturpreis für eine Kleinstadt von knapp zwanzigtausend Einwohnern haben könnte.

Erste Hinweise für meine Erkundungen liefert mir wieder Giuseppe Bevilacqua, dem man die Sympathie für das Vicentino anmerkt und der mir deshalb als ein wünschenswerter Cicerone erscheint: »Der Premio Montecchio« meint er, »ist ein Preis der Terra Ferma, jenes Hinterlandes, für das sich Venedig eigentlich erst seit dem 16. Jahrhundert so richtig zu interessieren begann, nachdem die Geschichte der Lagunenstadt vorher zu zwei Dritteln eine Geschichte der Meerbeherrschung und der Handelsbeziehungen mit dem vorderen und mittleren Orient gewesen war. Die Venezianer kauften Mandeln im Mittelmeerraum und brachten sie zur Marzipanherstellung nach Lübeck, sie transportierten kostbare Waren aus dem Orient, wertvolle Stoffe, Brokat und Damast, kunstvoll gearbeitete Waffen und Edelsteine an die Höfe von Wien und Prag und pflegten Kontakte zu den norddeutschen Handelsstädten. Auf der Terra Ferma dagegen fanden kleine und vergleichsweise ›arme‹ Geschäfte zwischen der Grenzbevölkerung statt. Es gab fliegende Händler, die aus Bassano religiöse und weltliche Druckschriften herüberbrachten. Johann Peter Hebel hat eine wunderschöne Kalendergeschichte zur Erinnerung an diese fliegenden Händler aus der sogenannten Pedemontana, der Voralpenzone des Veneto, geschrieben. Sie brachten auch handgesponnenes Garn und Wein. Als letztes Beispiel dieses ›armen‹ Handels wären noch die Eishersteller zu nennen. Die Gebirgler des ärmlichen, vom Touristenzustrom des Bellunese ausgeschlossenen Val di Zoldo, die ein köstliches Eis herstellen, strömten im 19. und im 20. Jahrhundert in alle Welt, vor allem nach Nord- und Mitteleuropa. Noch heute heißen dort die Besitzer berühmter Eisdielen vielfach Sommariva oder Pancera und geben damit zu erkennen, daß sie aus dieser Gegend stammen.«

Die wirtschaftlichen Verhältnisse haben sich allerdings spätestens seit der Mitte des 20. Jahrhunderts erheblich gewandelt. Heute ist das Veneto – und das gilt insbesondere auch für eine Stadt wie Montecchio – reicher als Venedig selbst. Angesichts expandierender kleinerer und mittlerer Betriebe gibt es dort keine Arbeitslosigkeit, im Gegenteil, man ist darauf angewiesen, Arbeitskräfte von außerhalb anzuwerben, sogar aus den nordafrikanischen Ländern. Der Bürgermeister, Dino Zanni, erinnert sich im Gespräch an den Beginn der wirtschaftlichen und industriellen Expansion in den fünfziger Jahren, bei der Pietro Ceccato, der Begründer der gleichnamigen Firma im Stadtteil Alte Ceccato, eine führende Rolle spielte: »Pietro Ceccato war nicht nur wichtig, weil er der erste Unternehmer war, der sich um die Ansiedlung neuer Industrien bemühte. Er übernahm auch wichtige Bildungs- und Kulturfunktionen. Es gelang ihm, ursprünglich patriarchalische, bäuerliche Familien davon zu überzeugen, daß ihre Kinder nicht unbedingt auf dem Hof bleiben mußten. Die CECCATO war die erste Firma, die mit moderner Arbeitsorganisation, mit neuen Technologien und einem neuen Bildungskonzept arbeitete. Viele Bauernsöhne traten dort als Mechaniker ein, erhielten die entsprechende Ausbildung und wurden dann selbst Industrieunternehmer. Positiv für diese Entwicklung wirkte sich auch die günstige Verkehrslage aus, die Offenheit nach allen Seiten, die auswärtige Firmen zur Ansiedelung in Montecchio veranlaßte.«

Montecchio gehört heute sicher zu den reichsten Städten der Region. Das Geheimnis seines wirtschaftlichen Erfolges liegt in

Ansicht von Montecchio Maggiore

der Vielseitigkeit und Anpassungsfähigkeit der kleineren und mittleren Betriebe, die sich dort niedergelassen haben. Meist sind es Familienbetriebe, deren Besitzer aus dem Ort stammen und die Montecchio und seiner Geschichte daher auch eng verbunden bleiben. Die bäuerliche Herkunft ist ihnen noch genauso anzumerken wie der Geist der Nüchternheit und Konkretheit, doch diese Eigenschaften verbinden sich mit einer erstaunlichen und in ihrer Selbstverständlichkeit beeindruckenden Weltläufigkeit. Für die Firmeninhaber, die mir mit einem gewissen Stolz ihre Betriebe zeigen, sind Reisen nach Moskau, nach Lateinamerika, in die Vereinigten Staaten oder in die europäischen Metropolen fast ebenso selbstverständlich geworden wie Ausflüge ins nahegelegene Vicenza.

Die Firma FIAMM, Hauptsponsorin des deutsch-italienischen Kulturpreises, existiert seit 1942 und stellt Batterien, Akkumulatoren, Hupen und Elektroantriebsgeräte für Autos her. Sie besitzt, wie mir der Direktor, Giovanni Dolcetta, erklärt, neben dem Hauptbetrieb in Montecchio noch eine Niederlassung in Avezzano (zwischen Rom und Pescara). Außerdem hat sie kürzlich zwei Joint-ventures mit Japan gegründet und sich in Zusammenarbeit mit der TRAICO, einer amerikanischen Firma, nach Brownsville in Texas ausgedehnt. Auch in Köln und in Paris gibt es bereits jeweils eine FIAMM-GmbH. Jetzt denkt man an eine weitere Ausweitung der geschäftlichen Kontakte zur Sowjetunion. Dem Wegfall der Zollgrenzen innerhalb Europas und der Internationalisierung der Handelsbeziehungen sieht Dolcetta gelassen und mit positiven Erwartungen entgegen: »Internationale Beziehungen haben wir als Italiener schon zur Zeit der Donaumonarchie gepflegt. Ich glaube, daß wir uns da auskennen und daß das ein Vorteil für uns ist.« Daß die Firma den Literaturpreis mit einer Spende von bedeutender Höhe unterstützt, erscheint ihm selbstverständlich. »Ich finde diesen Preis einfach nützlich«, erklärt er in seiner bescheidenen und zurückhaltenden Art. »Wir müssen uns durch die Kenntnis anderer Kulturen, der deutschen, der englischen oder französischen, bereichern.« Zum deutschsprachigen Kulturraum hat Dolcetta allerdings auch persönliche Beziehungen. Nach dem Studium am Polytechnikum in Mailand verbrachte er drei Monate in Österreich, studierte die deutsche Sprache und Kultur und bedauert es heute, daß vieles von den damaligen Kenntnissen wieder verlorengegangen ist. Jetzt sollen sie im Zusammenhang mit den Kölner Projekten der Firma wiederbelebt werden. »Für uns ist es wichtig, nicht nur wirtschaftliche, sondern auch kulturelle Begegnungen zu haben, da schien es mir selbstverständlich, die Initiative der Gemeinde zur Einrichtung eines solchen Preises zu unterstützen.«

Der Familienbetrieb der Brüder Bravo, den ich anschließend besichtige, kann als repräsentativ für viele Kleinbetriebe der Region gelten. »Wir setzen, wenn Sie so wollen, die große Eistradition des Val di Zoldo im industriellen Bereich fort«, erklärt mir einer der Direktoren, Genesio Bravo. Der Reichtum der kleinen Firma beruht auf einer ingeniösen Erfindung der beiden Brüder, dem Trittico (Tryptichon), einer patentierten Maschine von der Größe eines stattlichen Kühlschrankes, in der innerhalb von zehn Minuten Eis hergestellt und zugleich auch Crèmes für raffinierte Patisserien gerührt werden können. Die Maschine ist so platzsparend (früher brauchte man für das Pasteurisieren der Eismasse und den anschließenden Kühlprozeß zwei gesonderte Apparate), praktisch und preiswert, daß sie sich in weiten Teilen der Welt durchgesetzt hat. Die Brüder Bravo exportieren jedenfalls nicht nur nach Deutschland, Spanien, Belgien, Frankreich, Griechenland und in die Türkei, sondern auch nach Chile, Bolivien und Ecuador. Demnächst soll es auch Beziehungen zu den sich wirtschaftlich emanzipierenden Ostblockländern geben.

Zu den erfolgreichen kleineren Unternehmen, die das wirtschaftliche Bild Montecchios beherrschen, gehört unter anderem auch eine deutsche Firma. Wie zahlreiche andere Betriebe ist sie seit 1987 in Alte di Montecchio angesiedelt, wo die Gemeinde außerhalb des alten Stadtkernes und auf halbem Weg zu den großen Neubaugebieten industrielle Neuansiedelungen zu konzentrieren versucht. Die Straße, an der das hochmoderne, mit den neuesten Sicherheits- und Umweltschutzeinrichtungen ausgestattete Gebäude liegt, ist nach dem Firmengründer Otto Sommer, einem Chemiker und Ingenieur, benannt, der bereits in den fünfziger Jahren nach Italien gekommen war und sich zunehmend auf das Verfeinern und Färben von Leder spezialisierte. Wie die meisten Betriebe in Montecchio hat auch die Firma Sommer weltweite Wirtschaftskontakte, ihre Farbformeln und Lederkonservierungstechniken werden bis in die Türkei, nach Jugoslawien, Portugal, Argentinien und demnächst vermutlich sogar nach Pakistan exportiert, wie uns die amtierende Firmenchefin, Charlotte Sommer, die Witwe des Firmengründers, erklärt. Auch bei der Firma Sommer denkt man europäisch (auf dem Gebäude wehen die italienische, die deutsche und die europäische Fahne) und hofft auf die baldige Aufhebung der innereuropäischen Wirtschaftsschranken.

Bis zu Beginn der achtziger Jahre kümmerte sich die Kommune angesichts der explosiven Wirtschaftsentwicklung im wesentlichen um die Schaffung der erforderlichen Infrastrukturen, eine Aufgabe, die noch keineswegs befriedigend gelöst ist. Mit dem Anwachsen der Umwelt-, Verkehrs- und Planungsprobleme fallen der städtischen und der regionalen Politik in jüngster Zeit jedoch noch ganz andere Aufgaben zu. Das Istituto per la Programmazione ed Organizzazione dello Sviluppo Territoriale (Institut für die Planung und Organisation der territorialen Entwicklung) weist in einer 1988 erschienenen Studie über die wirtschaftliche und gesellschaftliche Entwicklung des Gebiets von Montecchio auf neue Ziele und Aufgaben der künftigen Kommunalpolitik hin. Nach Ansicht der Verfasser dieser Studie ist die primäre Aufgabe der Politiker heute, zu erkennen, daß soziale Innovationen wichtiger sind als technische Neuerungen. Expansionsförderung allein ist nicht mehr ausreichend, und selbst mit der Lösung der dringenden Verkehrs- und Wohnungsprobleme sind die Wünsche der Bürger noch keineswegs erfüllt. Was die Studie fordert, ist eine Intensivierung des Informationsflusses, eine weitere Verbesserung der Bildungsbedingungen im beruflichen und allgemeinen Bereich, eine Aufwertung der urbanen Identität und des Bewußtseins der eigenen Geschichte und die Unterstützung aller im weitesten Sinne kulturellen Initiativen, die zur Förderung der sozialen Intelligenz und eines neuen

Bewußtseins für die Probleme der eigenen Umwelt beitragen. In der Studie wird die These vertreten, daß eine weitere Prosperität der im Kern aufgrund ihrer Vielseitigkeit gesunden Wirtschaft nur garantiert werden kann, wenn es den lokalen Politikern mehr als bisher gelingt, neue Verbindungen zwischen den unterschiedlichen Bedürfnissen von Wirtschaft und Gesellschaft zu schaffen.

Bürgermeister Dino Zanni hat die Notwendigkeit solcher Maßnahmen klar erkannt und bereits erste Schritte zu ihrer praktischen Umsetzung eingeleitet. Der im Umbau begriffene Palazzo Fin Schiavo soll künftig ein Kultur-, Bildungs- und Freizeitzentrum beherbergen. Im ehemaligen Pfandhaus entstehen Wohnungen für ältere Leute, die ihre Selbständigkeit nicht aufgeben wollen, aber auf Unterstützung durch bestimmte Dienstleistungen angewiesen sind. Geplant ist auch eine Sportanlage für Körperbehinderte. Kulturplanung im engeren Sinne fällt eigentlich nicht in den Zuständigkeitsbereich der Gemeinde, aber die Stadt unterstützt aus Überzeugung alle Initiativen, auch und gerade wenn sie von privaten Organisationen angeregt werden. So kümmert sich die Pro Loco um die Erhaltung und Verbreitung der lokalen künstlerischen und kulturellen Traditionen, das Comitato di Gestione della Biblioteca um Ausstellungen, Lesungen und Vorträge.

Zu den wichtigsten kulturellen Wahrzeichen der Stadt gehören im Bewußtsein der Bevölkerung die sogenannten »Schlösser von Romeo und Julia« in unmittelbarer Nähe der Stadt, die einen herrlichen Ausblick auf die umgebende Landschaft bieten. Die Zuschreibung an die von Shakespeare literarisch verewigten zerstrittenen Familien ist gewiß eine romantische Legende, die sich aber so hartnäckig hält, daß die Geschichte des unglücklichen Liebespaares in historischen Kostümen noch heute in den Straßen von Montecchio unter Anteilnahme der gesamten Bevölkerung nachgespielt wird. Das Schloß der Julia ist inzwischen restauriert worden und beherbergt ein vorzügliches Restaurant; ob man in Romeos Schloß künftig ein Theater einrichten wird, ist noch nicht sicher. Und der Premio Montecchio? Welche Rolle spielt er nach Ansicht des Bürgermeisters in diesem für eine kleine Provinzstadt erstaunlich regen kulturellen Spektrum? »Er ist eine Realität«, meint Dino Zanni. »Wir wollen ihn künftig nicht nur erhalten, sondern mit Hilfe der Stadt, der lokalen Industrie und unter Beteiligung der Bürger noch weiter ausbauen. Die offiziellen Stellen in Deutschland sollten sich mehr als bisher dessen bewußt sein, daß dieser Preis nicht nur für Montecchio und Vicenza, sondern für die ganze Region wichtig ist. Wir wollten damit unsere Wertschätzung für die deutschsprachige Kultur und unsere Überzeugung ausdrücken, daß die deutsche und die italienische Kultur einander viel zu sagen haben. Wir wollten auch zeigen, daß wir uns bewußt für Europa öffnen und den Kontakt suchen. Jetzt haben wir den Schüleraustausch begonnen, und wir hoffen, daß andere konkrete Möglichkeiten folgen werden.«

Man kann Dino Zanni nur zustimmen, wenn er die Chance interkultureller Kontakte innerhalb eines zusammenwachsenden Europa in konkreten und persönlichen Begegnungen sieht. Vielleicht ist auch das ein Ausdruck der für Montecchio typischen Verbindung von bäuerlich-regionalen Wurzeln und urbaner Weltläufigkeit. Auf jeden Fall kann man ihm nur wünschen, daß es ihm und seinen Mitstreitern gelingen wird, die abstrakte Europarhetorik der gängigen Festtagsreden vom Kopf wieder ein wenig auf die Füße zu stellen. Damit hätte die kleine Stadt nicht wenig erreicht.

(Die Recherchen und Interviews zu diesem Artikel wurden im Februar 1990 gemeinsam mit Sabine Zangenfeind in Montecchio Maggiore durchgeführt. Ihr sei für ihre Mitarbeit an dieser Stelle herzlich gedankt.)

Marion Kranen

Mit Fernrohr und Mikroskop

Ein Gespräch mit dem Historiker Carlo Ginzburg

Kranen In vielen Ihrer Untersuchungen beschäftigen Sie sich mit Hexenwesen und volkstümlichen Glaubensformen, Phänomenen der sogenannten Volkskultur. Mehrfach verweisen Sie dabei auf die Schwierigkeit der Begriffsdefinition von »Volkskultur« (*cultura popolare*).

Ginzburg *Cultura popolare* – das ist ein schwieriger Begriff, denn »cultura« ist im Italienischen nicht genau identisch mit »Kultur« im Deutschen, und natürlich ist »popolare« etwas völlig anderes als »völkisch«. Auch der englische Begriff »popular culture« bezeichnet etwas anderes als die Entsprechungen im Italienischen oder Deutschen. Es handelt sich – bei »cultura« wie bei »popolo« – um Worte, die nicht nur in der europäischen Ideologie und Politik eine wichtige Rolle gespielt haben, zumindest seit dem 19. Jahrhundert; dadurch entstehen leicht Zweideutigkeiten. Man muß von einem dichotomischen Kulturbegriff ausgehen, also die Existenz von mindestens zwei Polen annehmen, statt Kultur als einen eindeutigen Begriff zu verwenden, der eine ganze Gesellschaft umfaßt. Auch wenn die Annahme zweier kultureller Pole eine Vereinfachung bedeutet, ist sie doch ein Fortschritt im Vergleich zum Konzept einer einzigen Kultur als undifferenzierter Einheit. Mich interessiert, was – in Anführungszeichen – »Volkskultur« genannt wird. Mein Interesse richtet sich dabei nicht so sehr auf die Untersuchung von Kultur als isoliertem Ganzen, sondern auf Kultur als Teil, der mit einem anderen Teil in Beziehung steht, also Volkskultur in Beziehung zur Kultur der Elite, eine Beziehung, die sich in ständiger Bewegung befindet.

Kranen Wie stellt sich das Problem der zwei Kulturen in den Quellen aus der Inquisitionszeit, auf die Sie sich bei Ihren Untersuchungen stützen?

Ginzburg Die Dokumente der Inquisitionsprozesse spiegeln einen kulturellen Zusammenstoß wider, einen Zusammenstoß zwischen der Elitekultur, der Kultur der herrschenden Klassen, und der Volkskultur. Zumindest gilt dies für die Hexenprozesse, denn bei Ketzerprozessen kann es komplexer aussehen, da wir auch auf Häretiker stoßen, die nicht zu jenen Volksschichten gehören. In jedem Fall aber offenbaren die Materialien der Inquisition einen kulturellen Zusammenstoß. Das führt zu vielfältigen Problemen. Es sind Zeugnisse, die durch Unterdrückung verzerrt worden sind. Sie sind aus einer repressiven Institution heraus entstanden und *für* diese gemacht. Die Zeugnisse also für einen anderen Zweck zu verwenden, und zwar nicht nur zur Rekonstruktion der Unterdrückung, sondern auch zur Rekonstruktion dessen, *was* unterdrückt wurde – das ist nicht einfach. Ich denke, sobald man sich dessen bewußt wird, muß man sich auch damit auseinandersetzen und dem Leser die Schwierigkeiten mitteilen, die aus der Beschäftigung mit dieser Art von Dokumenten entstehen.

Kranen Ein gutes Beispiel für die verzerrende Sicht der herrschenden Institutionen auf bestimmte Phänomene liefern Sie in Ihrem Buch über die Benandanti.[1] Die Benandanti (Wohlfahrende) werden Ende des 16. Jahrhunderts unter dem Verdacht des Teufelglaubens verstärkt von der Inquisition verfolgt. Sie haben die Prozeßakten und die Entwicklung dieser Sektenverfolgung genau untersucht und beschrieben und verweisen dabei z. B. darauf, daß »benandante« und »strega« (Hexe) lange Zeit als Synonyme galten, wodurch der ursprüngliche Charakter dieser Glaubensform verdeckt wurde.[2]

Ginzburg Tatsächlich handelt es sich um die Wahrnehmung eines kulturellen Phänomens von seiten der Inquisition, eine Wahrnehmung, die nicht mit der der Protagonisten selbst, also der Benandanti, übereinstimmt. Im Verlauf der Lektüre des Buchs bemerkt man, daß die Sicht von außen, also die Sicht der Unterdrücker, von den Opfern übernommen wird. Ignorierte man diesen Zusammenstoß, so hieße das, nichts von dem begriffen zu haben, was damals geschehen ist. Es gibt aber auch Fälle, in denen die Abweichung zwischen Wahrnehmung der Inquisi-

Carlo Ginzburg 1976

toren und Wahrnehmung der Angeklagten sehr viel subtiler und schwerer zu rekonstruieren ist. Die methodologischen Vorsichtsmaßnahmen müssen hier also noch größer sein. Die Tatsache, daß ich meine Arbeit mit Material dieser Art begann, hat mir, wie ich meine, diese methodologischen Schwierigkeiten bewußt gemacht. Meine Studie »Spurensicherung«[3] hängt z. B. in gewisser Weise mit dieser Forschungserfahrung zusammen. Wer mit Material wie dem der Inquisitionsprozesse arbeitet, kann sehr viel eher auf die Idee kommen, daß historisches Wissen eine Entzifferung von Spuren ist. Denn in derlei Texten tauchen die Glaubensformen und Verhaltensweisen der Verhörten als Spuren auf, als etwas, das durch die repressive Sichtweise des Verhörenden ausgelöscht oder fast ausgelöscht worden ist.

Kranen Volkskultur charakterisiert sich u. a. dadurch, daß sie auch eine mündlich überlieferte Kultur ist – die Forschung aber muß sich gezwungenermaßen auf schriftliches Material stützen.

Ginzburg Eine mündliche Tradition mit Hilfe schriftlicher Quellen zu rekonstruieren bedeutet eine enorme Schwierigkeit, die auch zu methodologischen Problemen führt. Denn Überlegungen, die die historische Methode selbst betreffen, sind in erster Linie in bezug auf politische Geschichte entstanden – und dort war das Problem, zwischen schriftlicher und mündlicher Kultur zu unterscheiden, fremd. Man steht also vor der Schwierigkeit, etwas zu rekonstruieren, was uns nur in einer Art Übersetzung erreicht hat, »Übersetzung«, auch wenn es sich um dieselbe Sprache handelt. In manchen Fällen ist es noch nicht einmal dieselbe Sprache, wie z. B. bei den Benandanti, die zum Teil friaulischen Dialekt sprachen, so daß während der Verhöre Übersetzer nötig waren. Die Sprache der mündlichen Kultur ist eine andere, und was wir in den Quellen lesen – erst recht in Dokumenten wie denen der Inquisition – ist gewissermaßen das Echo eines Echos, etwas sehr Indirektes.

Kranen In *Der Käse und die Würmer*[4] rollen Sie den Fall eines friaulischen Müllers auf, der der Häresie angeklagt und von der Inquisition zum Tode verurteilt wird. Inwieweit gibt dieser besondere Fall eines Müllers, der lesen und schreiben kann, Aufschluß über die Zeit des späten 16. Jahrhunderts allgemein?

Ginzburg Wir haben hier in der Tat den ungewöhnlichen Fall eines Müllers, der lesen kann. Ein Müller, der über unendlich viele Dinge spricht – über die Welt, die ihn umgibt, über die Gesellschaft, die Kirche, über Gott und die Erschaffung der Erde – und der dabei auf Gelesenes verweist. Ich habe, soweit dies möglich war, versucht, seine Bibliothek zu rekonstruieren,[5] habe die Bücher, die er gelesen hat, mit der Art und Weise, in der er über sie sprach und in der er sich an sie erinnerte verglichen. Die dabei zutage tretenden Abweichungen von der gedruckten Seite in Menocchios Worten scheinen mir bezeichnend. Es ist kein passives, sondern ein aktives Lesen. Menocchio richtet Fragen an das Geschriebene und erhält Antwort, indem er über den Text hinausgeht, indem er in einigen Fällen sogar den Text deformiert. In den Fragen, die Menocchio dem Text stellt, in dieser manchmal auch verdrehten Weise, in der er sich an die gelesenen Bücher erinnert, scheint mir eine tiefliegende Schicht der mündlichen Kultur aufzutauchen – eine mündliche Kultur, die nicht nur der persönliche Besitz Menocchios war, sondern die in einem weiter gefaßten Sinn verstanden werden muß. Ich habe also versucht, mittels eines Individuums, und sei es auch eines außergewöhnlichen Individuums, etwas zu rekonstruieren, was so außergewöhnlich gar nicht war. Es ist nötig, zwischen außergewöhnlichen Dokumenten und der Einmaligkeit des Phänomens selbst zu unterscheiden. Das heißt: Ein Zeugnis kann durchaus außergewöhnlich sein, sich aber auf ein weitverbreitetes Phänomen beziehen. Bei Menocchio haben wir ein außergewöhnliches Zeugnis, gebunden an das ungewöhnliche Individuum, das aber einen Großteil seiner Kultur mit sehr vielen anderen Menschen teilte, die keinerlei Spuren hinterlassen haben.

Kranen Sie haben sich als Historiker mehrfach auch mit kunsthistorischen Themen auseinandergesetzt.[6] Die Frage liegt nahe, ob die Methoden der Geschichtswissenschaft mit denen der Kunstgeschichte vergleichbar sind?

Ginzburg Ich bin sehr an Problemen der Kunstgeschichte interessiert und liebe besonders die Malerei. Es gibt Verbindungen zwischen kunstgeschichtlichen und historischen Untersuchungen. Mein Aufsatz »Spurensicherung« beschäftigt sich beispielsweise mit historischem Wissen, aber eine ganz entscheidende Rolle spielt darin die Figur des *Connoisseurs*, des Sammlers, und ganz speziell Giovanni Morelli, dieser außergewöhnliche, seltsame und sehr originelle italienische Kunstkenner, der in deutscher Sprache schrieb und mit einem russischen Namen unterzeichnete.[7] Die Art von intellektueller Aktivität, die dem *Connoisseur* eigen ist, fasziniert mich sehr und wirft eine Reihe von methodologischen Fragen auf. Ähnlich verfahre ich in meinen derzeitigen Untersuchungen über das Hexenwesen. Ich versuche, formale und morphologische Zusammenhänge innerhalb historischer Epochen zu rekonstruieren, die nicht – auch nicht auf andere Weise – dokumentiert sind. Genau das ist der Grundgedanke, der typisch ist für die Arbeit des *Connoisseurs*, in der ein Netz historischer Beziehungen mit Hilfe formaler Beziehungen rekonstruiert wird. Vergleichbares findet man bei den Archäologen – auch dort werden Lücken in den schriftlichen Quellen über Rekonstruktionen morphologischer Art gefüllt. Dieses Verhältnis von, sagen wir, dem morphologischen und dem historischen Standpunkt fasziniert mich zur Zeit sehr.

Kranen Noch einmal zurück zur Kunstgeschichte: Welche Gründe haben Sie bewogen, sich als Historiker gerade dem Werk des Renaissance-Malers Piero della Francesca zuzuwenden?

Ginzburg Ich beschäftige mich in *Erkundungen über Piero* nicht mit Stilproblemen. Mich interessierte vielmehr, was man aus den Werken Piero della Francescas lernen kann, wenn man Fragen stellt, die ausschließlich an zwei grundlegende Aspekte gebunden sind: die Auftraggeberschaft und die Ikonographie. Auch wenn ich also die Frage des Stils bewußt ausgeklammert habe, so existiert doch eine Verbindung zwischen der Fragestellung des Kenners oder des Kunstgeschichtlers und der meinen. Das zeigt sich an einer Stelle, einem Reibungspunkt, ganz deutlich: bei der Chronologie. Das ist ein scheinbar abstraktes Problem, eine Streitfrage unter Spezialisten, aber ich glaube, daß es sich um eine Frage handelt, die noch mehr impliziert – und ich habe versucht, das auch einem Publikum von Nicht-Spezialisten darzulegen. Wie können wir die Persönlichkeit eines Malers rekonstruieren? Häufig haben wir keine oder nur sehr wenige

Zeugnisse Dritter. Hier setzt dann eine Chronologie, die sich auf den Stil stützt, an. Mich interessiert die Beziehung zwischen einer auf Fragen der Auftraggeberschaft und der Ikonographie beruhenden Chronologie einerseits und der auf Formen und Stilentwicklung eines Malers beruhenden andererseits. Wie sieht diese Beziehung aus? Es können sowohl Übereinstimmungen als auch Divergenzen auftreten. Was geschieht, wenn die Ikonographie mir sagt, daß ein bestimmtes Bild nicht vor einem bestimmten Jahr gemalt worden ist – stilistisch gesehen sagt es mir jedoch das genaue Gegenteil? Diese Art von Widerspruch scheint mir äußerst fruchtbar, wenn man begreifen will, welche Aussagekraft den beiden Methoden innewohnt, der stilistisch ausgerichteten und der auf Zeugnissen Dritter basierenden. Fruchtbar auch, um die beiden Ansätze miteinander zu verknüpfen. Das mag abstrus und kompliziert klingen – aber wenn wir uns z. B. einem Schriftsteller nähern, seine Werke lesen, so ist die Tatsache, daß ein Werk *vor* einem anderen geschrieben wurde, entscheidend für unser Verständnis. Ich frage mich, wie die Leser von Goethe reagieren würden, wenn sie entdeckten, daß Goethe den *Werther* erst in hohem Alter geschrieben hätte – unser gesamtes Goethe-Bild würde sich ändern. Ich denke, daß das Problem der Rekonstruktion auf stilistischer Basis bei Malern, deren Biographie nur wenig dokumentiert ist, von großer Bedeutung ist. Bei dem Versuch, die Auftraggeber von Piero aufzuspüren, habe ich – gestützt auf bestimmte Quellen – zeigen wollen, daß der Begegnung zwischen Piero und dem Kardinal Bessarion, diesem außergewöhnlichen Gelehrten, einem Griechen, der nach Italien übersiedelte[8], eine sehr wichtige Rolle zukommt. Ich habe versucht, seine direkte und indirekte Anwesenheit in einigen Werken Pieros nachzuweisen.

Kranen Sie gehen bei diesen Untersuchungen auch der Frage nach, welchen Einfluß der Kardinal, ohne Auftraggeber gewesen zu sein, auf das ideologische Konzept der Werke Pieros hatte.

Ginzburg Wir haben hier eine Person wie Bessarion, der besessen ist von dem Gedanken der Einheit von römischer und griechischer Kirche. Zum anderen ist er besessen vom Problem des türkischen Vormarschs und schlägt deshalb einen neuen Kreuzzug vor, um die Türken zurückzudrängen. Wir befinden uns in der Mitte des 15. Jahrhunderts, und Konstantinopel ist gefallen.[9] Die Tatsache, daß die Gemälde Piero della Francescas so präzise Anspielungen auf das Thema des Kreuzzugs und meiner Meinung nach auch auf das Thema der Wiedervereinigung der Kirchen enthalten, scheint mir von Bedeutung, und ich sehe diese Anspielungen im Zusammenhang mit der Begegnung zwischen Piero della Francesca und Bessarion.

Kranen In dem bereits mehrfach zitierten Aufsatz »Spurensicherung« stellen Sie interessante Vergleiche zwischen wissenschaftlichen Methoden und Intuition an; zugleich hat man beim Lesen dieses Aufsatzes den Eindruck, Sie beschreiben auch Ihre eigene Herangehensweise an Untersuchungsgegenstände.

Ginzburg »Spurensicherung« ist ein Aufsatz, der auf verschiedene Weise gelesen werden kann. Er enthält ein autobiographisches Moment, insofern ich versucht habe, mir über die Ursprünge einer bestimmten Arbeitsmethode klar zu werden, die auch die meine ist. Ich rekonstruiere in diesem Aufsatz eine Art intellektueller Genealogie. Das ist jedoch eine verborgene Ebene, in Wirklichkeit stellt sich der Text nicht in dieser Form dar, sondern als Rekonstruktion einer bestimmten Haltung gegenüber dem Wissen – nicht nur gegenüber dem historischen Wissen, dessen Ursprünge ich in weiter Ferne ansiedele, bei den Jägern des Neolithikums. Ich behandele ein sehr weites Gebiet, indem ich einzelne Aspekte auf die präziseste und genauest mögliche Art darstelle. Anders gesagt: Ich habe versucht, das Fernrohr mit dem Mikroskop zu verbinden – ein enormes und weites Thema, das Jahrtausende umfaßt, wird durch das Fernrohr gesehen, dann aber habe ich die einzelnen Punkte, an denen ich mich aufhalte, so genau wie möglich mit dem Mikroskop untersucht. Es geht in diesem Aufsatz um die Neubewertung dessen, was ich niedere Intuition nenne. Normalerweise verbindet man die Intuition mit den höheren Formen des Wissens. Hier hingegen wollte ich zeigen, daß die Intuition teilhat am Wissen des Alltags. Zum anderen, daß Intuition keine irrationale Aktivität ist, sondern die sehr schnelle Rekapitulation einer Serie von rationalen Schritten. Diese Form der niederen Intuition, um diese Metapher zu verwenden, scheint mir eine wichtige Tätigkeit, und es interessierte mich zu zeigen, daß hinter einer Reihe von Fertigkeiten des täglichen Lebens eine Wissensanhäufung steht, die oft ignoriert wird. Diese Art der niederen Intuition wird sowohl von Mitgliedern der Elitekultur als auch von denen, die nicht der Elite angehören, geteilt. Ich meine damit nicht, daß die Wissensformen sich gleichen – es ist ein Zusammenprall der verschiedensten Wissensformen, und wer über Abstraktionsvermögen verfügt, ist stärker. Die Abstraktion ist wie eine Waffe – wer also im Besitz dieser intellektuellen Waffe ist, kann diejenigen unterdrücken, die diese Waffe nicht besitzen. Sie ist ein Machtinstrument, aber man kann sie natürlich ganz unterschiedlich einsetzen. Unzweifelhaft ist den Formen des niederen Wissens eine Vielfalt eigen, eine Würde, die man normalerweise eher verneint.

Kranen Seit einigen Jahren wächst die Zahl der Veröffentlichungen, die sich der Alltagsgeschichte, der »Geschichte von unten« zuwenden. Auch die Sammlung Ihrer ins Deutsche übersetzten Aufsätze verweist im Untertitel auf die »verborgene Geschichte«. Wie schätzen Sie diese Entwicklung ein?

Ginzburg Vor zwanzig, fünfzehn oder auch zehn Jahren Überlegungen zur »verborgenen Geschichte« anzustellen, war gleichbedeutend mit einem Bruch, einem Infragestellen. Es handelte sich damals darum, diese Themen durchzusetzen, Spezialisten und Nicht-Spezialisten begreiflich zu machen, daß es wichtige Themen waren. Heute sieht es anders aus. Heute scheint mir die Gefahr eher darin zu liegen, nur noch Themen der verborgenen Geschichte als mitteilenswerte Themen zu akzeptieren. Wichtig ist aber eher, *wie* jemand die Dinge erzählt, und nicht, *welche* Themen er wählt. Es war zu einer bestimmten Zeit sehr wichtig, bestimmte Themen als wichtige Themen hervorzuheben. In dem Moment aber, wo sie akzeptiert werden, muß man zeigen, daß auch die sogenannten traditionellen Themen in adäquater Form vermittelt werden müssen. Die Unterscheidung zwischen traditioneller und nicht-traditioneller Geschichtsforschung verläuft nicht mittels der Themen. Es gibt keine Themen, die per se der traditionellen oder nicht-traditionellen Geschichtsforschung angehören, denn man kann in höchst traditioneller

Weise über verborgene Geschichte sprechen. Heute liegt das Problem vielmehr darin, die Art und Weise zu analysieren, in der man die Arbeit des Historikers betreibt. Ich bin gegen Etikettierungen, und auch das Etikett der *Nouvelle Histoire* stört mich. Es stimmt, ich werde häufig den »neuen Historikern« zugerechnet, aber das bedeutet insofern nichts, als viele der »neuen« Historiker alt sind. Außerdem ist es nicht so wichtig, »neu« zu sein, als vielmehr das zu machen, was man für wichtig hält. Das Neue allein reicht nicht aus, und es kann zu einer Art intellektuellem Konsumismus führen – so wie man ständig das Auto wechselt, den Fernseher, so wechselt man auch die historiographischen Bezugspunkte. Wichtiger ist es, ein Welturteil abzugeben. Auch ich bin an Experimenten interessiert, aber ich denke, daß das Experiment in diesem Moment nicht bedeutet, neue Themen zu finden, sondern daß es eher die Frage betrifft, wie bestimmte Themen, die dem Anschein nach traditionelle Themen sind, auf ganz neue Art behandelt werden können.

Zusammen mit meinem Freund Giovanni Levi gebe ich eine Reihe heraus, die sich *Microstorie* nennt. Innerhalb dieser Reihe haben wir ein Buch von Franco Ramella veröffentlicht, das sich mit einem Thema aus der Geschichte der Arbeiterbewegung beschäftigt, mit einer Serie von Streiks, die Ende des 19. Jahrhunderts in einer Region mit Textilindustrie stattfanden. Ramella geht diesen Stoff, ein geradezu klassisches Thema aus der Geschichte der Arbeiterbewegung, in einer völlig neuen Weise an, und zwar unter dem Blickwinkel eines Jahrhunderts, und nicht dem weniger Jahre. Er weist auf die in dieser Gegend existierende Beziehung zwischen Landwirtschaft und Industrie hin; bestimmte Streiks konnten sehr, sehr lange dauern, da diejenigen, die streikten, nicht nur Arbeiter waren, sondern Arbeiter *und* Bauern, so daß sie in dem Moment, in dem sie aufhörten Arbeiter zu sein, als Bauern weiterarbeiteten und so überleben konnten. Das zeigt, wie ein Thema der traditionellen Geschichtsschreibung von einer anderen und sehr eigenständigen Seite aus betrachtet werden kann. Und es gäbe dafür noch weitere Beispiele.

Kranen Bei Fachbüchern stellt sich oft das Problem der wissenschaftlichen Fachsprache, die einem breiteren Publikum den

Zugang erschweren kann. Es fällt auf, daß Ihre Arbeiten insofern offen sind, als Arbeitsschritte und Hypothesen dargelegt, Fragen auch noch im Buch gestellt werden. Es sind Geschichtsbücher, die spannend zu lesen sind.

Ginzburg Was mich persönlich interessiert, ist die Möglichkeit, ein Spezialistenwissen an Nicht-Spezialisten weiterzugeben. Also bemühe ich mich in meinen Büchern, soweit möglich, die Elemente offenzulegen, die es auch Nicht-Spezialisten erlauben, der Argumentation zu folgen. Elemente, die eine doppelte Lesart gestatten: die Lesart für Fachleute und die Lesart für die, die nicht vom Fach sind. Natürlich kann man nicht schon alles wissen, während man liest, aber vielleicht ist gerade der Ansatz »Ah, das verstehe ich nicht – ich will es verstehen« nützlich. Anders gesagt: Ich glaube nicht an eine Wissensaneignung, die Schritt für Schritt vor sich geht, indem man sich von der Unwissenheitsstufe drei zur Stufe zwei bis zur Stufe eins bewegt. Es ist für alle von uns ein ganz unsicherer Weg, ein ständiges Vor und Zurück.

Was dem Leser – und besonders dem Nicht-Spezialisten – mitgeteilt werden soll, ist meiner Meinung nach die Art und Weise, wie bestimmte Ergebnisse erreicht worden sind.

Es gibt einen Passus bei Marc Bloch [10], der mir sehr lieb ist, in dem er sagt, daß es nötig sei, dem Leser – und ich denke er meint damit auch den Nicht-Spezialisten – die Werkstatt des Historikers zu öffnen. Ein wie ich meine geradezu demokratischer Gedanke von allgemein politischem Wert – er enthält die Möglichkeit, die Behauptungen zu überprüfen. Je mehr der Wissenschaftler ermöglicht, daß der Weg, den er zurückgelegt hat, nachvollziehbar bleibt, desto eher kann der Leser die Gültigkeit dessen, was er liest, überprüfen. Diese Art der Kontrolle seitens des Lesers scheint mir eine reizvolle Sache – es ist das Gegenteil des Vortrags »ex cathedra«.

Bologna, Januar 1988
Übersetzung: Marion Kranen

Anmerkungen

1 *I benandanti. Stregoneria e culti agrari fra Cinquecento e Seicento*, Turin 1966. [*Die Benandanti. Feldkulte und Hexenwesen im 16. und 17. Jahrhundert*, Frankfurt a. M. 1980].

2 Die Benandanti sind Anhänger eines Fruchtbarkeitskultes im Friaul; es verbindet sie der Glaube, »im Hemd«, d. h. in die Fruchtblase gehüllt, geboren worden zu sein. In bestimmten Nächten (im kirchlichen Kalender vorgeschriebener Fastentage in den Quatemberwochen, die mit den Tagen des Bauernkalenders übereinstimmen, an denen der Übergang von einer Jahreszeit zur nächsten begangen wurde) fahren die Benandanti »im Geiste« aus. Sie »verlassen« ihren Körper, um sich an andere Orte, die jeweilige Kultstätte, zu begeben. Dort kämpfen sie gegen die »stregoni« für die Fruchtbarkeit der Felder und für den rechten Glauben – christliche und heidnische Elemente sind in den Glaubensformen der Benandanti also aufs engste verknüpft. Einige Benandanti haben angeblich die Fähigkeit, Krankheiten zu heilen, Unglück vorherzusagen o. ä. Über das »Ausfahren« aus dem Körper (auch bei Hexenprozessen von Bedeutung) gab es unterschiedliche, sich zum Teil widersprechende Theorien – von der Hypothese, es handele sich dabei um Nervenkranke, bis zu Erklärungen, die berauschende und einschläfernde Substanzen für den starrkrampfähnlichen Zustand des Körpers und die Erscheinungen verantwortlich machen. Der Kult der Benandanti weist Parallelen zu ähnlichen Glaubensformen in anderen Teilen Mitteleuropas auf; das Vorgehen der Richter – Fangfragen und Einschüchterung der Angeklagten – macht charakteristische Merkmale der Inquisition deutlich.

3 »Spurensicherung. Der Jäger entziffert die Fährte, Sherlock Holmes nimmt die Lupe, Freud liest Morelli – die Wissenschaft auf der Suche nach sich selbst«, in: *Spurensicherungen. Über verborgene Geschichte, Kunst und soziales Gedächtnis*, Berlin 1983 (ern. München 1988), S. 149ff.

4 *Der Käse und die Würmer. Die Welt eines Müllers um 1600*, Frankfurt a. M. 1979.

5 Unter den Büchern, die der Müller Menocchio gelesen hatte, befinden sich die Bibel (in Volgare), verschiedene Heiligenlegenden und Neubearbeitungen der Bibel, ein Reisebuch aus dem 14. Jahrhundert, und Bocaccios *Il Decamerone* [*Das Dekameron*].

Der Buchtitel Ginzburgs bezieht sich übrigens auf Menocchios Kosmogonie – er erklärt die Entstehung der Welt aus einem Urchaos, ohne den Eingriff eines Gottes: »Aus der vollkommensten Substanz der Welt wurden sie (die Engel) von der Natur hervorgebracht, wie aus einem Käse Würmer entstehen...« (S. 89).

6 *Erkundungen über Piero. Piero della Francesca, ein Maler der frühen Renaissance*, Berlin 1983. – »Kunst und soziales Gedächtnis. Die Warburg-Tradition«, in: *Spurensicherungen*, S. 149 ff. – *Tizian, Ovid und die erotischen Bilder des Cinquecento*, ebd. S. 234 ff.

7 Giovanni Morelli (1861–1891) hatte das Pseudonym Ivan Lermolieff.

8 Bessarion (1403–1472), Erzbischof von Nicäa (Griechenland), kommt 1438 zum Konzil nach Ferrara (ab 1439 in Florenz), 1439 Ernennung zum Kardinal in Rom.

9 Ab 1422 wird Konstantinopel immer wieder von den Türken belagert. 1444 scheitert der Kreuzzug gegen das Osmanische Reich. 1453 fällt Konstantinopel endgültig an die Türken, das Osmanische Reich der Paläantologen-Dynastie wird vernichtet. Auf dem Konzil von Ferrara wird 1439 unter Papst Eugen IV. die Einheit der Kirchen verkündet, die jedoch nicht von Dauer sein wird.

10 Marc Bloch (1886–1944), frz. Historiker, war von 1913 bis 1936 Professor in Straßburg, dann an der Sorbonne. Bloch war im frz. Widerstand aktiv. Er wurde von der Gestapo erschossen.

Marilia Nacci / Volker Roth

Das Itria-Tal in Apulien

Über die Heimat des Dichters Giuseppe Goffredo

Von weitem sehen sie aus wie die Häuser der Zwerge in *Schneewittchen*: kleine, runde Steinbauten, weiß gekalkt, mit merkwürdigen Symbolen auf den Dächern. Und auch der Name der »Fliegenpilze« klingt wie aus dem Märchen: »I trulli«. Sie stehen auch heute noch, in Süditalien, sozusagen am Absatz des Stiefels, in Apulien. Trulli-Hauptstadt ist der kleine Ort Alberobello, zu deutsch »schöner Baum«, mitten im Valle d'Itria. Mehr als tausend Trulli sind hier auf engstem Raum versammelt, oft ineinander verschachtelt. Und auch die beiden Kirchen fügen sich mit ihren Trulli-Kuppeln, also kreisrund aus Kalkstein gebaut und mit einem Kreuz auf dem Setzstein, harmonisch ins Bild. Die einfachen Behausungen dienen noch immer entweder als Hauptwohnung oder Landhaus, oder zur Viehhaltung und Lagerung der geernteten Oliven.

Alberobello selbst ist durch den Massentourismus zerstört worden. Jährlich ziehen Horden von in- und ausländischen Besuchern durch die längst zu Kiosken und Andenkenständen umfunktionierten Trulli. Um einen der »Fliegenpilze« in Ruhe zu besichtigen, muß man schon Einheimische kennen, die einen auf dem Land oder im benachbarten Locorotondo einer Familie vorstellen. Der »runde Ort«, so die Übersetzung von Locorotondo, lohnt nicht zuletzt seines vorzüglichen Weines wegen einen Abstecher.

So simpel die Bauweise der Trulli scheint – sie stehen auf kreisrundem Grundriß und verjüngen sich nach oben, sehen also etwa so aus wie die Iglos der Eskimos –, so unergründet ist ihre Herkunft. In Apulien ranken sich um die Trulli natürlich Legenden. Zwei von ihnen sind besonders bekannt. Beide handeln vom Grafen von Conversano, dem Conte Giangirolamo Acquaviva. Ihm gehörte einst das gesamte Gebiet des Itria-Tals und der Murge, dem ersten Hochplateau hinter dem Meer zwischen Bari und Tarent. Sein vollständig erhaltenes Kastell aus dem 16. Jahrhundert steht über der Altstadt von Conversano. Die engen Gassen zwischen den wuchtigen Stadtportalen sind glücklicherweise für den Autoverkehr gesperrt. Der Dom mit seiner fein verzierten Rosette gehört zu den bedeutendsten Bauwerken der apulischen Romanik.

Die erste Legende erzählt vom Geiz des Conte Acquaviva. Er wollte keine Steuern an den König zahlen. Deshalb ließ er seine Untertanen, zumeist einfache Bauern, keine festen Häuser errichten, sondern nur einfache Steinbauten, die Trulli. Wenn der Steuerprüfer nahte, konnten diese Konstruktionen schnell dem Erdboden gleich gemacht werden. Das war nützlich, denn die Abgaben berechneten sich nach der Zahl der Untertanen. Mit seiner primitiven Form der Steuerhinterziehung könnte der Conte fast als Erfinder des Fertighauses bezeichnet werden.

Der zweiten Version zufolge war der Graf auf einer Reise nach Afrika, wo er Sklaven einkaufte, so beeindruckt von der Hüttenbauweise der Schwarzen, daß er nach seiner Rückkehr die Bauern des Itria-Tals ebensolche Hütten aus Stein errichten ließ.

Die zweite Variante volkstümlicher Mythisierung, die Interpretation des Trullo als Import aus Afrika, enthält sicher ein Quentchen Wahrheit. In ihrem Buch *Die geheimnisvollen Zeichen der Trulli* gelangt die Anthropologin Letizia Troccoli zu dem Ergebnis, daß es keine endgültige Klärung über den Ursprung der Trulli geben kann. Der Vermutung, es handele sich bei den einfachen Steinhäusern um Nachbauten, widerspricht nichts; die Hypothese, es handele sich um eine »Neuerfindung« ist jedoch gleichermaßen wahrscheinlich. Die für die Trulli charakteristische einfache Bauweise ist nämlich in der ganzen Welt verbreitet, so daß viele »Erfinder« existieren müssen. Und in Apulien haben viele Migrationen stattgefunden, vor allem aus Afrika und Asien. Dabei hat möglicherweise eine der Einwanderergruppen den Trullo mitgebracht.

Die Bedeutung der Zeichen auf den Häuserfronten der Trulli ist hingegen unumstritten. Ähnlich wie heidnische Höhlenmale-

Trullo im Valle d'Itria
Foto: Volker Roth, 1987

reien baten sie um Schutz und den Segen des Hauses. Die Setzsteine auf dem Dach schließlich, die »Pinnacoli«, die in verschiedenen Formen anzutreffen sind – vom Kreis über den Kegel bis zum Quadrat –, lieferten Aussagen über Herkunft und Beruf der Bewohner. So hatten der Schmied und der Kaufmann jeweils ihr eigenes »Pinnacolo«.

Die Bezeichnung »trullo« stammt von der Wurzel »-tor«, die in den indoeuropäischen Sprachen für das Konzept der Rundheit steht. Weiter südlich, in der Gegend von Lecce, werden die Trulli im Dialekt auch »chipuri« genannt, was aus dem Griechischen kommt und »Wächter der Felder« bedeutet.

Die Trulli sind ein Relikt vergangener Jahrhunderte. Ihre Ursprünge sind nicht mehr genau zu ergründen. Leider werden sie seit rund dreißig Jahren nicht mehr gebaut. Das uralte Baukonzept der Hütten aus den einfachen Steinen der Erde der Murge hat seine Bedeutung verloren. Nur hier und da sieht man Neubauten – für die Touristen. Hoffentlich bleiben sie dem Itria-Tal möglichst lange als Wahrzeichen erhalten.

Giuseppe Goffredo

Gedichte

Einführung

Der Dichter Giuseppe Goffredo wurde 1956 in Alberobello geboren. Heute lebt und arbeitet er im wenige Kilometer entfernten Martina Franca. Er ist als Verwaltungsbeamter für die Erhaltung regionaler Kulturdenkmäler zuständig.

Im Jahre 1979 veröffentlichte Goffredo seinen ersten Gedichtband *Poesie di provincia* [*Provinzgedichte*]. Heute nennt er dieses Buch eine Jugendsünde. Dabei verfaßte der Dichter Dario Bellezza das Vorwort. 1982 erschienen 25 Gedichte Goffredos in der Sammlung *Nuovi poeti italiani* [*Neue italienische Dichter*] bei Einaudi in Turin. Darüber hinaus veröffentlichte er in der Literaturzeitschrift *Linea d'ombra* [*Schattenriß*]. Seit mehr als fünf Jahren organisiert er ein internationales Treffen von Dichtern aus dem Mittelmeerraum – Poesia in chiostro – im Kloster der Festung von Conversano. Goffredo möchte seine Lyrik ohne Erklärungen verstanden wissen. Er befürchtet, allzuleicht als Heimatdichter abgestempelt zu werden, wenn die Landschaft seiner Kindheit beschrieben wird. Dennoch bedürfen seine Gedichte einiger Erläuterungen.

Goffredos Gedichte handeln vom Süden Italiens, dem »Meridione«. Explizit taucht der Begriff in »Primavera meridionale« [Südlicher Frühling] auf. Aber »Meridione« bedeutet mehr als nur eine Himmelsrichtung. Mittlerweile hat der Begriff ja auch Eingang in die deutschsprachige Fachliteratur gefunden, doch bleibt der ideologische Gehalt oft unverstanden. »Meridione« impliziert nicht nur Unterentwicklung und jahrhundertelange Benachteiligung, sondern auch die Arroganz der Norditaliener gegenüber dieser Region. In Turin ist »meridionale« ein Schimpfwort!

Erzählt Goffredo von seiner Jugend, so spricht er von der »campagna« (dem Land, das im Gegensatz zur Stadt steht) mit ihrer unverwechselbaren Mischung aus Olivenhainen und Weizenfeldern. Goffredos Weizenfelder haben die Farbe »glauco«, also eine Mischung aus blau und grün. Und die Mutter schlägt ihn mit dem Olivenzweig, wie die Mutter in »Voglio vivere« [Ich will leben].

Nicht übersetzbar sind soziale Konzepte, die sich hinter Orten wie der »piazza« verbergen. Der Dorfplatz, wo sich alle treffen und abends nur noch ein schwarzes Gewimmel von Spaziergängern zu sehen ist, ist ein wichtiger gesellschaftlicher Bezugspunkt. Hier werden Geschäfte getätigt, Gerüchte weitergegeben und Liebesbande geknüpft. Es ist ein Mittelpunkt, der in seinen verschiedenen Formen – als »piazza« oder »corso« oder »centro« – im gesamten Mittelmeerraum existiert. Nicht anders der Ritus des Café. Der tägliche »aperitivo«, der »espresso« am Morgen und das Bier (nicht mehr Wein!) am Abend machen es zum sozialen Brennpunkt.

Ein anderes Thema Goffredos ist in Deutschland aus der Gegensicht wohlbekannt: Die Emigration. Die Tragödien, die daraus entstehen, gibt »Primavera meridionale« wieder. Apulien hat ganze Wellen von Auswanderungen mitgemacht, und es gibt kaum eine Familie, die nicht wenigstens ein Mitglied zum Geldverdienen in die Schweiz oder die Bundesrepublik geschickt hat!

Cosa può cambiare?

Cosa può cambiare?
sui muri felpati
siede falba la malinconia,
la piazza vuota, il monumento,
il caffè, i giovani allocchiti.

Cosa può cambiare?
l'umido spigola al suolo,
si fanno cupi all'imbrunire
i cristalli di tristezza,
da soli ci si aggira,
senza voglia battuti dalla
disallegria, le femmine
storcono il muso e si accarezzano
il sesso, noi si è fuori
agli angoli a fumare.
Non abbiamo lavoro,
non abbiamo denaro,
non abbiamo fortuna,
ma quello che ci manca è la vita.

Was kann sich ändern?

Was kann sich ändern?
auf den Plüschmauern
sitzt falb die Melancholie,
die Piazza leer, das Denkmal,
das Café, die Jungen verblödet.

Was kann sich ändern?
die Feuchtigkeit liest Ähren auf dem Boden,
es verfinstern sich beim Dunkelwerden
die Kristalle von Traurigkeit,
allein treiben wir uns herum,
lustlos geschlagen von der
Unfreude, die Frauen
verziehen das Maul und streicheln
ihr Geschlecht, wir sind draußen
an den Ecken und rauchen.
Wir haben keine Arbeit,
wir haben kein Geld,
wir haben kein Glück,
aber was uns fehlt, ist das Leben.

Primavera meridionale

Come puoi non innamorarti
di questa primavera meridionale,
tenera e dolce nei follicoli
che il vento fiuta sulle colline murgesi,
nel tiepido sciabordare dello scirocco,
sui campi glauchi di grano,
sulle terrazze inerbate di marzo
declinanti nello sfavillare dei mandorli.

Come puoi non ricordare i sentieri
coperte di pratelline, il vello
di pecora puzzolente tra le frasche
macilente del bosco, le gemmette
cacciate nei vigneti puliti di valle
d'Itria, le ombre graveolanti sui muri,
delle case di campagna, le roselline
e la pervinca inanellate fra le pietre.

Come puoi lasciare i foraggi acri
da falciare, le sementi selvaggie
da estirpare, ai vermi le ciliege
mature, agli uccelli il grano spigato.
Eppure si parte, la disperazione
può tutto. I bambini restano ad aspettare
i padri con lo sguardo orfano d'affetto,
le madri stendono negli orti i loro panni
lavati, e ogni tanto dànno un'occhiata
alla cristalliera per seguire l'ora
che avanza in solitudine.

Südlicher Frühling

Wie willst du dich nicht verlieben
in diesen südlichen Frühling,
zart und süß in den Fruchtkapseln,
die der Wind auf den Hügeln der Murge beschnuppert
im lauwarmen Branden des Schirokko,
auf den Feldern blaugrün von Weizen,
auf den vom März begrünten Terrassen,
die sanft abfallen im Funkeln der Mandelbäume.

Wie willst du dich nicht erinnern an die Pfade
bedeckt von Gänseblümchen, die stinkende Wolle
zwischen den verfaulenden
Blättern des Waldes, an die kleinen Sprößlinge,
gesteckt in die geputzten Weinberge des Tals
von Itria, an die faul riechenden Schatten auf den Mauern
der Landhäuser, an die Röschen
und das Immergrün, die sich zwischen den Steinen kräuseln.

Wie kannst du die sauren Futterpflanzen zurücklassen
die man jetzt mähen könnte, die wilden Samen
die man jetzt ausreißen könnte, den Würmern die reifen
Kirschen, den Vögeln den ährentragenden Weizen.
Und doch reist man ab, die Verzweiflung
vermag alles. Die Kinder bleiben zurück und
warten auf Väter mit von Liebe verwaistem Blick,
die Mütter hängen in den Gärten ihre gewaschenen
Kleider auf, und ab und zu werfen sie einen Blick
zum Glasschrank um der Stunde zu folgen,
die fortschreitet in Einsamkeit.

C'è chi li ha visti in auto, chi parlare
in giardino, chi al bosco nascosti,
dai negozi, ai caffè, alla piazza
si ha che dire – la signora ha il compare
il marito lavora in Germania –.

Gli occhi impietosi delle suocere,
mandano maligne nei pozzi lugubri
sentenze, le povere nuore prima o poi
muoiono calve col viso di un uomo.

Es gibt welche, die sie im Auto gesehen haben, andere im Garten
sprechen, andere beim Wald versteckt,
in den Läden, im Café, auf der Piazza
heißt es – die Frau hat einen Geliebten
der Mann arbeitet in Deutschland –.

Die mitleidlosen Augen der Schwiegermütter,
sie schicken in die düsteren Brunnen bösartige
Sprüche, die armen Schwiegertöchter, früher oder später
sterben sie glatzköpfig mit dem Gesicht eines Mannes.

La moglie

La moglie contadina
tradita, l'aveva scoperti
una giornata di novembre
assonnati nel pagliaio,
fu uccisa e messa nel sacco,
gli amanti di peso
la trascinarono nel bosco
dove ora lasciva riposa
in faccia alla civiltà.

Il colore del dolore

Il colore del dolore è l'aspro
autunno che breveggia
rosolato di sole sul lato
dei muricci. Per le strade
l'odore di uva asprigna,
il calderone e lo strepere
del fuoco. I miei vendemmieranno
sabato e ci vuole aiuto.

Die Ehefrau

Die betrogene
Bauersfrau hatte sie entdeckt
eingeschlafen im Strohschober
an einem Novembertag,
wurde erschossen und in den Sack gesteckt,
die Liebenden
schleppten sie in den Wald
wo sie jetzt schamlos ruht
unter den Augen der guten Gesellschaft.

Die Farbe des Schmerzes

Die Farbe des Schmerzes ist der rauhe
Herbst, der sich kurz faßt,
gebräunt von Sonne auf der Seite
der Mäuerchen. In den Straßen
der Geruch von säuerlichen Trauben,
der große Kessel und das Prasseln
des Feuers. Die Meinen ernten
am Samstag und brauchen Hilfe.

Voglio vivere

Non sapevo di morire
ora lo so e voglio vivere.
Mia madre feroce mi batteva
col fuscello dell'ulivo,
beata educazione del dolore,
beata punizione primitiva,
lo dico senza rancore,
la rabbia era la stessa
di quando bambina lei veniva
trascinata mani e piedi
dalla matrigna, lo stesso amore
barbaro inquisitore
aveva la sua mano selvaggia.

Mi rimangono i lividi nella
mente, quasi la volontà
di quello stesso dolore.
Ora so che la vita è senza gloria
per tutti, una punizione
che la morte cancella incontestata.
Ogni possibile risoluzione
innanzi ad essa tacerà,
persino l'umano rimarrà senza voce,
c'è un fine che annullerà tutto
persino questi versi,
solo, un'eterea, ultraterrena vita
ci può lasciare ombre di speranza
per l'universo buio e taciturno.

Ich will leben

Ich wußte nicht, daß ich sterbe,
jetzt weiß ich es und will leben.
Meine rohe Mutter schlug mich
mit dem Zweig des Olivenbaums,
glückselige Erziehung des Schmerzes,
glückselige, primitive Bestrafung,
ich sage es ohne Zorn,
die Wut war dieselbe
wie wenn sie als Kind
geschleift wurde an Händen und Füßen
von der Stiefmutter, dieselbe Liebe,
barbarisch inquisitorisch,
hatte ihre wilde Hand.

Mir bleiben die Striemen im
Gedächtnis, gleichsam der Wille
zum gleichen Schmerz.
Jetzt weiß ich, daß das Leben ruhmlos ist
für alle, eine Bestrafung
die der Tod unwiderruflich auslöscht.
Jeder mögliche Entschluß
wird vor ihm schweigen,
auch das Menschliche wird ohne Stimme bleiben,
es gibt ein Ende, das alles zunichte macht,
auch diese Verse,
nur ein ätherisches, überirdisches Leben
kann uns Schatten von Hoffnung lassen
für das dunkle und schweigsame All.

Fra muri e sogni

Ci passo appena dappertutto
fra muri e sogni,
lecco verderami che scendono,
pareti e macchie d'ombre indelicate.
Pochi i punti
come in questo maggio.
Solo. Discosto.
Senza forza affronto il sonno
il palato acre nella bocca.
il mondo esteso e piatto,
il mondo impolverato di paure,
mio padre all'ospedale,
le ciliege ai vermi,
il grano che arriva,
le serpi enfiate dal caldo.
Ho perso il posto,
nel secchio galleggiano mosche e vespe.
La gramigna seviziata sfolla
nella terra irritata.

Zwischen Mauern und Träumen

Da passe ich mit Mühe überall durch
zwischen Mauern und Träumen,
lecke Grünspan, der herunterwächst,
Wände und Flecken von unanständigen Schatten.
Wenige die Punkte
wie in diesem Mai.
Allein. Entlegen.
Kraftlos begegne ich dem Schlaf
den Gaumen bitter im Mund.
Die Welt ausgedehnt und flach,
die Welt verstaubt von Ängsten,
mein Vater im Krankenhaus,
die Kirschen den Würmern,
der Weizen, der kommt,
die Schlangen geschwollen von der Hitze.
Ich habe die Stelle verloren,
im Eimer schwimmen Fliegen und Wespen.
Das mißhandelte Unkraut zieht sich zurück
in die aufgewühlte Erde.

Agli inizi della stagione

Quale assurda follia batte stasera,
ruzzola, oblitera un campo declinato di grano,
piccole macchie contrite,
ho una dimistichezza angosciosa
con la strada. Si specchia il cielo
sul parabrezza;
sono cresciuti innumerevoli i rovi.
Grido appena sentito dagli amici. Non so
se questo può o non può essere, è solo
forse una facciata di tutto il fenomeno
il tentativo di cercarsi per interessi reciproci.
Agli inizi della stagione,
due ore fa,
si camminava in tre avendo fretta di parlare.

An den Anfängen der Saison

Welch ein absurder Wahnsinn pocht heute abend,
kollert hinunter, löscht ein geneigtes Feld von Weizen aus,
kleine reumütige Flecken,
ich habe eine beängstigende Vertrautheit
mit der Straße. Es spiegelt sich der Himmel
auf der Windschutzscheibe;
es sind unzählige Brombeeren gewachsen.
Ich schreie kaum gehört von den Freunden. Ich weiß nicht,
ob das sein kann oder nicht sein, es ist vielleicht
nur eine Seite des ganzen Phänomens
der Versuch sich aus gegenseitigen Interessen zu suchen.
An den Anfängen der Saison,
vor zwei Stunden,
lief man zu dritt und hatte Eile zu sprechen.

Non stupitevi

Non stupitevi del vento
di giugno, del sole freddo
che balugina, delle madri
che schiacciano mandorle
davanti alle porte,
tutto sta cambiando,
con paura passano
i venditori ambulanti a
gridare come fosse la
luna di marzo a spingerli
senza allegria,
immiseriti nel sogno,
non avranno piú frutta
da vendere e tutti saranno
chiusi in casa a spiare
l'aria contriti.

Aus: *Nuovi poeti italiani, 2. A cura di Alfonso Berardinelli.*
Einaudi, Turin 1982.

Seid nicht erstaunt

Seid nicht erstaunt über den Wind
im Juni, über die kalte Sonne,
die aufflackert, über die Mütter,
die Mandeln knacken
vor den Türen,
alles verändert sich,
ängstlich kommen
die fliegenden Händler vorbei und
schreien, als wäre es der
Märzmond, der sie freudlos antreibt,
verelendet im Traum,
werden sie kein Obst mehr
zu verkaufen haben, und alle werden
eingeschlossen im Haus um reumütig
die Luft zu belauern.

Übersetzung: Marilia Nacci und Volker Roth

Christine Dauner

»Anarchie im Gleichgewicht«

Ein Gespräch mit Vincenzo Consolo

Dauner Wie könnte man die Intention definieren, mit der Sie geschichtliche Fakten beschreiben? Beziehen Sie sich auf die politisch-soziologische Aussage oder sehen Sie Ihr literarisches Schaffen als Geschichtsschreibung?

Consolo Ich würde letzterem zustimmen und auch den Ausdruck »Geschichtsschreibung« übernehmen, aber »Literatur« ist ein zu verschwommener Begriff, ich sage lieber »Bericht«. Denn Sie müssen meinen Werdegang berücksichtigen: Ich bin Jahrgang 33 und gehöre einer Generation an, welche die Jahre der faschistischen Diktatur nicht mehr bewußt miterleben konnte. Meine Beschäftigung mit der Literatur und meine Bewußtseinsbildung setzten in meiner Jugendzeit ein, also ziemlich genau gegen Kriegsende. Und so beschäftigte ich mich mit der Literatur, die damals hauptsächlich veröffentlicht wurde, d. h. mit dem Realismus. Insofern befand ich mich auch schon in der Tradition der sizilianischen Literatur, die von Verga ausgeht und als Realismus bezeichnet werden kann. Außerdem müssen Sie auch die Zeitumstände berücksichtigen, die Jahre, in denen bestimmte Aspekte Italiens wiederentdeckt wurden: die Dialekte und Süditalien. Dies alles hatte die faschistische Diktatur gewissermaßen verdrängt. Meine Lektüre bestand also aus Büchern mit sozialer bzw. soziologischer Thematik, die von der unmittelbaren Vergangenheit handelten, d. h. von Faschismus und Widerstand.

Dauner Welche dieser Lektüren hat Sie am meisten beeinflußt?

Consolo Hauptsächlich *Cristo si è fermato a Eboli* [*Christus kam nur bis Eboli*] von Carlo Levi. Ansonsten die engagierte Literatur, Dokumentarliteratur und Geschichtswerke. Aber eben besonders die politisch engagierte Literatur wie z. B. Gramsci oder Guido

Dorso. In streng literarischer Hinsicht beeinflußten mich Calvino und Vittorini. In den fünfziger Jahren hat mich das erste Werk Sciascias sehr beeindruckt, *Le parocchie di Regalpetra* [*Die Pfarreien von Regalpetra*]. Nicht zu vergessen Danilo Dolci und Rocco Scotellaro, die gleichfalls der dokumentarisch-soziologischen Literatur angehören. Als ich mein erstes Buch schrieb, wollte ich die Realität und das soziale Umfeld einer bestimmten Region in Form einer Reportage darstellen, mittels eines fast journalistischen Stils. Als ich aber zu schreiben begann, wurde mir bewußt, daß mir der literarische Stil näher lag als der journalistische. Ich wollte mich mit einem geschichtlichen Wendepunkt befassen, an dem in Sizilien entscheidende Veränderungen hätten vor sich gehen können. Ich suchte nach den Gründen, warum die Umwälzungen, die man sich erhofft hatte, nicht eingetreten waren.

Dauner Weshalb verwendeten Sie für Ihren Erstlingsroman *La ferita dell'aprile* [*Die Wunde im April*] (it. Turin 1977; dt. Frankfurt a. M. 1990) die Form der Autobiographie?

Consolo Ich wollte diesen Abschnitt sizilianischer Geschichte unter dem Gewand einer Pseudo-Autobiographie beschreiben. Dargestellt wird die Pseudo-Bewußtseinserziehung in einem ganz besonderen Umfeld, nämlich dem eines Priesterseminars. Ich berichte über meine Kindheit, aber gleichzeitig auch von Sizilien. Ich versuche, die Ereignisse jener Jahre zu resümieren. Das Phänomen des Banditismus, das sich in der ersten Nachkriegszeit ausbreitete, trug wesentlich dazu bei, daß die Probleme dieselben blieben wie zuvor: Gemeint sind damit die Feiern der Bauern anläßlich des 1. Mai, als die ersten Wahlen den großen Sieg der Linken brachten; die daraufhin in Verteidigungsstellung gehenden Großgrundbesitzer; die katholische Kirche, die all ihre Kräfte mobilisierte, um damit der vermeintlich drohenden Gefahr des Marxismus Einhalt zu gebieten. Die 48er-Wahlen stellten jedoch die alten Verhältnisse wieder her, und die Hoffnung auf Veränderungen wurde zerstört. Der Lauf der Geschichte ging so weiter wie bisher.

Dauner Würden Sie Ihre Art zu schreiben dem Realismus oder dem Neorealismus zuordnen, oder bemühen Sie sich um größtmögliche Objektivität?

Vicenzo Consolo
Foto: Giovanna Borgese

Consolo Objektivität kann es niemals geben, weil der Schriftsteller immer mit seinem Empfindungsvermögen und vor allem durch die Auswahl, die er trifft, dazwischen steht. Schreiben bedeutet Auswahl. Indem der Schriftsteller bestimmte Punkte herausfiltert, greift er in die Handlung ein. Die Objektivität, von der schon Verga sprach, ist also nichts als eine Illusion. Meine Art zu schreiben kann nicht als realistisch bezeichnet werden. Als ich wirklich zu schreiben begann, mußte ich mir eine sprachliche Ausdrucksform aneignen, die nicht auf die Sprache der herrschenden Klasse Bezug nahm. Ich versuchte, eine Ausdrucksmöglichkeit zu finden, die nicht mit der von oben aufgezwungenen übereinstimmte. Ich habe als Form eine Art von »Sprachmischung« gewählt, deren Wurzeln sich in meiner Kultur und in meiner Sprache befinden, im sizilianischen Dialekt also. Zudem gab es gerade in diesen Jahren linguistische Experimente: Pasolini veröffentlichte *Ragazzi di vita* [dt. *Ragazzi di vita*] und *Una vita violenta* [dt. *Vita violenta*], Gadda schrieb *Quer pasticciaccio brutto de Via Merulana* [*Die gräßliche Bescherung in der Via Merulana*].

Dauner Sie verwenden den sizilianischen Dialekt jedoch nicht im Sinne Pasolinis und Gaddas?

Consolo Während der faschistischen Diktatur wurde der Gebrauch des Toskanischen allen Regionen Italiens aufoktroyiert. Man bediente sich eines sehr geschliffenen Sprachstils, der die Kunstprosa einengte, denn man mußte sich in perfektem Italienisch ausdrücken. Nach dem Untergang des Faschismus kam es zu einem wahren Überschwang sprachlicher Ausdrucksformen, die auf den nationalen Sprachgebrauch zurückgriffen. Wie schon gesagt gehören auch Pasolini und Gadda mit ihren Romanen dieser Aufbruchstimmung an, und ich wollte ähnliches versuchen. Nur daß sich Pasolini und Gadda eines linguistischen Mittels bedienten, das man als »Abweichung« bezeichnen könnte. Sie nehmen das Toskanische als Grundlage, um dann nach und nach den Dialekt einfließen zu lassen. Mein Ausgangspunkt war jedoch ein anderer. Ich habe diese Art von »Sprachmischung« konzipiert, indem ich dem Toskanischen Phoneme des sizilianischen Dialektes beifügte, die jedoch philologisch begründet waren. Es geht dabei um Wörter, die in der Linguistik auf fremde Sprachen zurückgeführt werden. Diesen Vorgang kann man jedoch nicht auf andere Regionen Italiens ausweiten, wie z. B. auf die Lombardei oder auf Latium. Ich habe im Grunde nichts anderes gemacht, als zur sizilianischen Kulturtradition zurückzukehren. Dasselbe tat auch Verga, als er *I Malavoglia* [*Die Malavoglia*] schrieb: Seine Idee war es, das Toskanische auf ein dialektales Sprachniveau zu bringen. Er verwendete keine sizilianischen Wörter, aber seine Sprache klingt anders, so als ob das Italienische neu gesprochen würde. Ein Kritiker meinte in bezug auf Verga denn auch ganz richtig, daß aus dem Konflikt der beiden Sprachen seine Dichtung entsteht. Ich habe dieses Schema insofern übernommen, als ich nicht das Italienische, sondern eine »andere Sprache« verwende, eine oppositionell strukturierte Sprache, die der Zwiespalt zweier Kulturen hervorbringt.

Dauner Sie selbst beschreiben Ihren Sprachstil als »barock«. Welchen Zusammenhang sehen Sie diesbezüglich mit den eben genannten sprachlichen Strukturen? Ich würde meinen, daß z. B. Gadda dem sehr nahe kommt, was Sie als »barock« bezeichnen.

Consolo Als barock bezeichne ich eine Sprache, die nicht geradlinig verläuft, die keinen logischen Aufbau hat und sich rhetorischer Figuren bedient. Sie entdeckt neue Ausdrucksmöglichkeiten, die nicht rational sind, sondern durch ihren Klang und Bedeutungszusammenhang erklärt werden können, wie z. B. Wörter, die mehrere Bedeutungen haben. So entsteht eine sehr bedeutungsschwangere Sprache, die schwer zu entschlüsseln ist. Sie gründet nicht auf dem linearen Satzbau, der einen logischen Zusammenhang bildet. Sie kann abweichen und eine klare Linie verfolgen, sie kann aber auch ausweichen und sich in Kurven winden, deren Entwirrung eine andere Art von Verständnisebene erforderlich macht, die in hohem Maße emotional begründet ist. In diesem Sinne würde ich meine Sprache als barock bezeichnen. Gadda antwortete auf die Frage, warum er diese barocken Ausdrucksformen übernommen habe: »Die Welt ist barock, und ich stelle sie als solche dar.« D. h., ihre Vielschichtigkeit splittert sich auf in Kurven und Spiralen. Im übrigen ist die sizilianische Architektur wie auch Sizilien selbst eine barocke

Welt. In einem Aufsatz über den »Sizilianischen Barock der Neuzeit« verglich ich diese ohne inneren Zusammenhang anmutenden Linien, diese Kurven und die monumentale Überladenheit mit einem Erdbeben. Ich sprach von »Anarchie im Gleichgewicht«. Die barocke Architektur beinhaltet in gewissem Sinne die Anarchie der Formen, die aber dennoch präzisen architektonischen Regeln unterliegen. Man sieht das daran, daß die Paläste nicht zusammenfallen, sondern stehen, trotz ihrer launigen Extravaganzen. In Sizilien symbolisiert das Barocke sowohl die sozialen, die geschichtlichen Umwälzungen als auch das Erdbeben an sich. Für mich ist Sizilien ein Ort, an dem es ständig Erdbeben und Vernichtung gibt. Die sizilianische Barockkultur ist eine Darstellung der sich träge entwickelnden sozialen Kultur, die eine Verbesserung der menschlichen Umwelt bringen sollte. Man versucht, möglichst viel Platz für sich zu gewinnen, um der zerstörerischen Kraft von Geschichte und Natur standzuhalten. Diesem Trachten nach Vernichtung setzt der Mensch die ausgeschmückte und beladene Architektur entgegen, um seine Furcht zu überwinden.

Dauner In der Erzählung *La sirena* [*Die Sirene*] von Tomasi di Lampedusa begegnet der Gelehrte La Ciura einer Meerjungfrau, die sich auf griechisch mit ihm unterhält. Lampedusa entwirft hier ein unter griechischem Einfluß stehendes Sizilienbild, das bei Ihnen überhaupt nicht vorkommt. Sie nehmen dagegen Bezug auf die arabisch-orientalischen Aspekte.

Consolo Ich glaube, daß die Einflüsse des klassischen Griechenland in Sizilien ausgelöscht wurden. Einige Spuren lassen sich vielleicht im pastoral-bäuerlichen Umfeld finden, das es bis vor wenigen Jahren noch gab. Ansonsten wurden diese Relikte von den nachfolgenden Kulturen begraben, vor allen Dingen durch die Araber.

Dauner Sie deuteten an, daß es die bäuerliche Kultur in Sizilien nicht mehr gibt. Inwieweit findet dieser Prozeß des Vergehens Eingang in Ihr schriftstellerisches Schaffen?

Consolo Als ich zu schreiben begann, wollte ich diese Welt dokumentieren und gab Unterricht in ländlichen Schulen, um das bäuerliche Umfeld kennenzulernen. In den sechziger Jahren

setzte jedoch der Prozeß der Industrialisierung ein, der grundlegende Veränderungen bewirkte. Das ländliche Umfeld, das ich dokumentarisch festhalten wollte, war in Auflösung begriffen. Die Folge war eine große Bevölkerungsverschiebung von Süden nach Norden, d. h. von der Agrarwirtschaft hin zur Industrie. Ziel waren die großen Metropolen wie Mailand, Turin, Genua sowie ihre Randbezirke. Andere wiederum wanderten aus: nach Deutschland oder Belgien, in die Schweiz, nach Übersee. Diese Vorgänge haben das Angesicht Siziliens innerhalb weniger Jahre grundlegend verändert. Auch an Italien sind diese Umwälzungen nicht spurlos vorübergegangen. Damals habe ich erkannt, daß ich nicht mehr in Sizilien bleiben konnte, weil sich dort nur noch eine kleinbürgerliche Bürokratie verzweigte, an deren Darstellung ich nicht im mindesten interessiert war. 1968 übersiedelte ich nach Mailand, um die Auswirkungen dieser Veränderungen kennenzulernen. Ich wollte beobachten, wie sich die Bauern aus dem Süden in Städter und Arbeiter verwandelten. Dazu mußte ich aber erst Erfahrungen sammeln und vieles zur Vergangenheit werden lassen. Ich konnte nicht sofort darüber schreiben. Dies ist auch der Grund, warum zwischen meinen ersten beiden Büchern ein so großer Zeitraum liegt. Denn ich glaube, daß ein Schriftsteller erst Erinnerungen und Erfahrungswerte in sich anhäufen muß, um neue Bilder in sich entstehen zu lassen, die er dann erst beschreiben kann. Ich fand mich in einer Wirklichkeit wieder, die fremd für mich war, konfrontiert mit mir unbekannten sprachlichen Ausdrucksformen.

Dauner In Ihrem zweiten Roman *Il sorriso dell'ignoto marinaio* [*Das Lächeln des unbekannten Matrosen*] (it. Turin 1976; dt. Frankfurt a. M. 1990) haben Sie jedoch erneut sizilianische Geschichte aufgegriffen, anstatt Ihr neues Umfeld zu beschreiben...

Consolo Ende der sechziger und Anfang der siebziger Jahre, als ich das, was sich geschichtlich ereignete, festhalten wollte, hielt ich mich in Mailand auf. Die wichtigsten Themen damals waren in einem geschichtlich-sozialen Umfeld angesiedelt. Es entstanden viele Fragen, z. B. nach der Stellung der Intellektuellen in geschichtlich brisanten Augenblicken, in denen sich viele Konflikte anhäufen, oder die Problematik von Sprache, Ausdruck und Inhalt, die immer ein wichtiges Ausdrucksmittel für die herrschende Klasse war. Ich konnte mich dieser Thematik nur stellen, indem ich – bildlich gesprochen – in meine Welt zurückkehrte und mir einen Knotenpunkt in der Geschichte Siziliens zum Thema machte, der aber als Metapher fungieren und nicht nur die Ereignisse der Vergangenheit von 1860 behandeln sollte. Ich wollte damit zugleich die Geschichte wiedergeben, die ich selbst momentan lebte, d.h. die Ereignisse der sechziger Jahre. Aufgrund dieser Überlegungen ist dann schließlich mein zweites Buch entstanden. *Das Lächeln des unbekannten Matrosen*, in dem ich diese Themen aufgreife und nach formalen Gesichtspunkten behandle. Auch sprachlich findet sich die Vielschichtigkeit dieser Thematik im Aufbau des Romans wieder. Ich wollte keine flüssige und abgerundete Geschichte schreiben. Das Werk ist aufgegliedert in literarische Fiktion und dokumentarisch belegte Abschnitte.

Dauner Auch Pasolini greift die Thematik des Mythos der bäuerlichen Welt auf, die untergegangen ist. Er hat sich aber im Gegensatz zu Ihnen in eine andere Richtung weiterentwickelt.

Consolo Bei Pasolini wird die Mythisierung der bäuerlichen Welt sehr stark in den Vordergrund gedrängt, während ich mich gerade davon abgrenze. Meine Interpretation ist, daß die bäuerliche Welt trotz ihrer Schmerzen, Anstrengungen und Konflikte noch eine Kultur besaß, in deren Mittelpunkt der Mensch stand. Was mich heute am meisten betroffen macht, ist die zentrale Stellung der Wirtschaft in den heutigen Kulturen, wo Menschlichkeit mit Konsum gleichgesetzt wird. Die italienische Kultur hat ihre humanistischen Ideale verloren, aber ich glaube, daß dieses Phänomen durch alle westlichen Kulturen geistert.

Dauner Welche Tendenz sehen Sie also nach den von Ihnen beschriebenen radikalen Veränderungen?

Consolo Ich frage mich oft, was z.B. Pasolini angesichts der heutigen Verhältnisse geschrieben hätte. Aber nicht nur er. Viele wichtige italienische Schriftsteller sind gestorben, so z.B. Elsa Morante und Italo Calvino. Calvino war ein sehr rastloser Mensch, immer auf der Suche nach neuen Wegen. Er wollte neue Möglichkeiten finden, um dieses Land und seine Kultur darzustellen. In der modernen italienischen Literatur hat sich eine grundlegende Spaltung vollzogen. Auf der einen Seite stehen Aufbauschung und Sensationsgier, die Verbreitung einer Literatur, die immer mehr konsumierbar wird und die ich als »technologisierte Literatur« bezeichnen würde. Sie bedient sich derselben Ausdrucksweise wie die heutigen Machthaber der industrialisierten Welt. In dieser Literatur gibt es keinen sprachlichen Widerstreit, weil der Ideenkonflikt fehlt. Jeglicher Widerstand wird im Keim erstickt, doch meiner Meinung nach lebt die Literatur nur durch ihre oppositionelle Haltung. Ihre Aufgabe ist, als kritisches Bewußtsein der Gesellschaft zu fungieren. Wenn die Literatur diese Funktion nicht mehr innehat, verliert sie ihre Daseinsberechtigung. Sie wird zu einem verlängerten Arm der Machthaber. Auf der anderen Seite zieht sich der Roman, in seiner ursprünglichen Bedeutung verstanden, immer mehr zurück. Was im Rahmen der Literatur verbleibt, wird immer eindeutiger in seiner Aussage und verändert sich auf sprachlicher Ebene. Man entfernt sich von der Prosa und nähert sich der Poesie. Die Erzählung als literarisches Genre gewinnt in Italien an Bedeutung, da sie wegen ihrer Kürze und dichterischen Intensität der Poesie am meisten ähnelt. In diesem Sinne wird die Rückkehr zu einer Art Fragmentismus praktiziert, wie er schon einmal in den zwanziger Jahren, in der vorfaschistischen Zeit, präsent war. Heute jedoch manifestiert er sich als der Faktor, der die Literatur in ihrer oppositionellen Funktion lebendig erhält. Ich denke, es gibt keine andere Möglichkeit, als sich entweder für die konsumierbaren literarischen Industrieprodukte zu entscheiden, für deren Verbreitung durch die Werbung mittlerweile in weltweitem Ausmaß gesorgt wird, oder aber man wendet sich einer anderen Art von Literatur zu, die in ihrer wirkungsvollsten Form in den – in weitestem Sinne – südlichen Peripherien entsteht, nicht in den industriellen Zentren. Sciascia ist ein Beispiel für sprachliche und inhaltliche Opposition. Er gehört der logisch und philosophisch fundierten Literatur an und hat Widerstand und Kritik in seinem ursprünglichen Umfeld praktiziert. Er fungierte nie als Stütze der politischen Macht.

Dauner Calvino übt in seinem Roman *Il barone rampante* [*Der*

Baron auf den Bäumen] Kritik an der Aufklärung. Haben Sie sich auf dieses Werk bezogen, als Sie *Das Lächeln des unbekannten Matrosen* schrieben?

Consolo In einem gewissen Sinne ja. Aber die Kritik an der Aufklärung kommt noch mehr in meinem Folgeroman *Retablo* [*Retabel*] (Palermo 1987) zum Ausdruck. Im *Lächeln des unbekannten Matrosen* hingegen wollte ich folgendes ausdrücken: Das ironische Lächeln dieses unbekannten Seemannes symbolisiert den zu Aufklärung und Vernunft gelangten Menschen. Ich will damit sagen, daß es zwei Möglichkeiten gibt, die von der Vernunft wegführen. Die eine wird durch den Fortschritt verkörpert, die andere ist nach rückwärts gerichtet. Ein positives Voranschreiten gelingt durch die künstlerische Kreativität, auch in politischer Hinsicht. Damit ist die Fähigkeit gemeint, neue, bessere Gesellschaftsformen zu erfinden, sich nicht mit dem Status quo zu begnügen. Denn jede Macht und Gesellschaftsform entwickelt letztendlich Mechanismen der Unterdrückung, auch wenn sie in der Hypothese perfekt konzipiert wurde. Catena Carnevale, eine Protagonistin des Romans, zerkratzt in der Vorgeschiche mittels einer symbolischen Geste das auf dem Bildnis des unbekannten Matrosen dargestellte Lächeln, welches den aufgeklärten Menschen verkörpert. Als Verlobte des Revolutionärs Giovanni Interdonato sehnt sie sich nach einer verbesserten Gesellschaftsform. Insofern kann ihre Geste nicht als zerstörerische Leidenschaft bezeichnet werden, sondern muß als kreative Handlung gesehen werden. Sie verfolgt die Überwindung der gerade aktuellen gesellschaftlichen Entwicklungen, d. h. die Einigung Italiens und die Forderungen des Frühsozialismus. Zu dieser Erkenntnis gelangt sie durch die Lektüre der französischen Philosophen, wie z. B. Leblanc und Saint-Simon, die den Frühsozialismus propagieren. Der in negativem Sinne von der Aufklärung wegführende Weg wird durch die Figur des verrückten Mönches symbolisiert, der durch seine Triebhaftigkeit destruktive Handlungen begeht. Er verkörpert den Zerfall der Vernunft und dient so als Ansatzpunkt für die Kritik an der Aufklärung. Die Gegenüberstellung der symbolischen Aussage Catena Carnevales und des verrückten Mönches führt zu Antonello da Messinas Bildnis des unbekannten Seemannes, das somit zum Leitmotiv des Romans wird. Hier beginnt das Spiel der Ähnlichkeiten, denn letztendlich gleichen sich all diese Arten des Lächelns. Das Bildnis des unbekannten Matrosen ähnelt dem Revolutionär Giovanni Interdonato, aber auch dem Polizeichef, dem Erzbischof, überhaupt all den Herrschaften, die derselben Schicht angehören. Am Ende sind sich alle ähnlich und auch in demselben Maße verantwortlich für bestimmte Geschehnisse.

Dauner Kann man Catena Carnevale nicht auch stellvertretend für die sizilianische Frau sehen, deren Wirken sich eher im Hintergrund abspielt?

Consolo Das ist richtig, aber auch wenn es nach außen nicht so scheint, hat ihr Wirken doch entscheidenden Einfluß auf das Leben des Mannes. Im Handlungsrahmen dieses Romans aber konnte sie nicht öffentlich erscheinen, denn die damalige Gesellschaftsform gestand der Frau einen solchen Stellenwert nicht zu. Catena Carnevale wirkt auf sehr subtile Art und Weise, aber trotzdem sehr entscheidend auf die Handlung ein. In der Vorgeschichte des Romans habe ich eine Art Vision beschrieben, um die Aussage dieser Protagonistin zu unterstreichen. Während sie sich über eine Handarbeit gebeugt in der Apotheke ihres Vaters aufhält, sitzt sie im Kegel eines Lichtstrahles, der durch eine Wandöffnung in den Raum fällt. Ich habe diese Darstellung als Marienverkündigung konzipiert, um der Figur die Bedeutung der Madonna zu geben, die einen Schöpfer neuer Ideen gebiert, die dieser dann in die Tat umsetzt: »Zwischen dem Ladentisch und den Regalen mit all ihren Flaschen, Salbbüchschen, Apothekerkrügen, Schachteln und Töpfen war sie in dem Lichtkegel, der durch ein seitliches Ochsenauge in den Raum fiel [...]«.

Dauner Inwiefern dient das Symbol der Schnecke als Schlüssel für die Handlung des Romans?

Consolo Die Schneckenform ist ein uraltes Sinnbild, das bis auf die verschlungenen Ursprünge tänzerischen Ausdrucks zurückgeht, aber sie ist hauptsächlich ein barockes Symbol. Tatsächlich habe ich es aber durch das Interessensgebiet des Protagonisten Mandralisca, der als Malakologe forscht, in den Roman eingeführt. Im Zusammenhang mit dem Portrait Antonello da Messinas führt es als Leitfaden durch die Handlung. Hier verwende ich es in seiner Umkehrung, nämlich als toten Punkt, den man erreicht, wenn man den spiralförmigen Weg rückwärts beschreitet. Im Buch taucht es wie alle anderen Symbole in seiner Doppeldeutigkeit auf. Es kann sowohl positiv als auch negativ interpretiert werden. Es kann als Verbindungsglied zwischen der reinen Existenz und der Geschichte gelten, die durch Wasser und Erde symbolisiert werden. In der Handlung kommt dies durch die Fluktuation der Bewegung zwischen Meer und Land zum Ausdruck. Es gibt immer ein Schiff, das im Hafen anlegt, und auch das Portrait des Unbekannten von Antonello da Messina wird auf diese Weise transportiert. Auch das Gefängnis, in dem die Aufständischen festgehalten werden, ist spiralförmig in die Erde gebaut. An den Wänden befinden sich Inschriften eines Gefangenen, die sich von der rein expressiven Beschreibung von Geschehnissen hin zu einem geschichtlichen Bewußtsein entwickeln. Direkt an der Öffnung nach außen steht als letztes Wort »Freiheit« geschrieben, was natürlich den Sinn des bäuerlichen Aufstandes letztendlich erklärt. Die Form der Spirale kann wie das Lächeln des unbekannten Matrosen als Mittel zum Zweck dienen, d. h. sie kann die Beendigung einer unerträglichen geschichtlichen Situation herbeiführen, da sich auch der Fortschritt der Geschichte über Kurven und Rückschritte vollzieht. Folgt man der spiralförmigen Bewegung nach außen, bedeutet das Fortschritt. Der Weg nach innen führt jedoch zu einer vagen Form des Dahinvegetierens.

Dauner Sie haben diese Aussage auch als Bild formuliert...

Consolo Es ist das Bild einer Schnecke, die ihren eigenen Windungen folgt: »Ich sah einmal eine Schnecke in Form einer Spirale ihres Weges ziehen, von außen bis zum Schlußpunkt, von dem es keinen Ausweg mehr gibt, als wolle sie auf der Erde in größerem Maßstab die Form ihres Panzers, den gewundenen Gang ihres Hauses wiederholen.« Hier kommt der negative Aspekt des Symbols zum Tragen, indem die Schnecke, ihren eigenen Windungen folgend, an einem toten Punkt angelangt. Ich ließ mich von einem Werk des modernen italienischen Konzeptkünstlers Mario Merz inspirieren, als ich dieses Bild entwarf. Die

Konzentration und Erstarrung auf einem toten Punkt habe ich von einem Bild dieses Malers übernommen. »Ich sah einmal« bezieht sich hier auf die tatsächliche Darstellung eines zeitgenössischen Künstlers.

Dauner Sie stellen die Protagonisten Ihrer Romane sehr handlungsbetont vor, ohne auf eine psychologische Betrachtung Wert zu legen. Hat das etwas mit Ihrem Anspruch zu tun, sich dem Genre der Geschichtsschreibung nähern zu wollen?

Consolo Ich habe kein Interesse daran, die Handlungen einer Person, bzw. die Person selbst, zu erklären. Ich beschreibe sie als eine an einem Handlungsprozeß teilnehmende Figur, die in einem bestimmten geschichtlichen Moment eine bestimmte Haltung einnimmt, d. h. als handelnde Figur. Damit stelle ich sie als Akteur auf eine Bühne. Meine Art zu schreiben nähert sich mehr der Darstellung eines historischen Gesamtbildes als der peinlich genauen Beschreibung innerer Vorgänge. Die Persönlichkeiten der einzelnen Personen werden nur angedeutet, weil ich das äußere Umfeld herausarbeiten und nicht introspektiv vorgehen will. Ich verwende die Figuren als Metaphern, denn der Vorgang des Erzählens führt zur Verwendung von Bildelementen. Insofern entstehen impressionistisch gezeichnete Figuren, da ich sie nur so verwenden kann. Mein Schwerpunkt liegt auf den geschichtlichen Gesamtzusammenhängen, nicht auf den Akteuren der Handlung.

Dauner Wie muß man demnach Ihre Aussage interpretieren, daß Sie kein Chronist vergangener Gesellschaftsformen sein wollen?

Consolo Ich kann nicht die Dekadenz mythischer goldener Zeitalter darstellen, da ich die Gründe für gewisse Entwicklungen im Verlauf der Geschichte herausarbeiten will. Ich möchte erklären und mir auch selbst darüber klarwerden, warum gewisse Entwicklungen so und nicht anders verlaufen sind. Übernähme man die geschichtlich überlieferten Fakten ohne zu hinterfragen oder zu kritisieren, hieße das, vergangene Zeiten zu glorifizieren.

Dauner Haben Sie die Struktur des Romans deshalb so zersplittert konzipiert?

Consolo Die Handlung ist zwar in verschiedene Teilbereiche gegliedert, diese stehen jedoch untereinander in Verbindung.

Auch sprachlich habe ich die Strukturen gebrochen, indem ich eine ganz andere Ausdrucksweise einführte, z. B. die der gebildeten Menschen des 19. Jahrhunderts. Ich nenne das »Negativschreibweise«. Zugleich ist es auch eine mimetische Schreibweise. Sie betont sowohl den kritischen als auch den parodistischen Aspekt dieser Gebildetensprache. An manchen Stellen läßt sich der Autor jedoch verführen von der Schönheit des Klangs bestimmter Sätze. Dies kommt vor allen Dingen in den Briefen Mandraliscas zum Ausdruck. Grundsätzlich betone ich jedoch den kritischen Aspekt, indem ich goyeske Bilder imaginiere oder dem Sarkasmus freien Lauf lasse. Dadurch ergibt sich eine ständige Brechung der Ausdrucksweise, wie sie besonders dort sichtbar wird, wo ungebildete Leute das Wort ergreifen, Menschen, die einer ganz anderen Kultur angehören und dementsprechend nicht in der Lage sind, ihre Geschichte selbst zu schreiben.

Dauner Ich danke Ihnen für dieses Gespräch.

Mailand, 19. Mai 1989

Natalia Ginzburg

Zuerst sah er immer den Schmerz des Einzelnen

Über Sandro Pertini (1896–1990)

Zum ersten Mal sah ich Pertini Ende 1943 oder Anfang 1944 im Haus des Dottor Monaco. Ich wußte, daß er gerade aus dem Gefängnis Regina Coeli geflüchtet war. Dottor Monaco war Gefängnisarzt und während der deutschen Besatzungszeit zusammen mit seiner Frau eine große Stütze der Resistenza. Mein Mann Leone Ginzburg war seit November im Gefängnis; sie hatten ihn in einer illegalen Druckerei festgenommen und dann den Deutschen übergeben. An jenem Tag, als ich Pertini zum ersten Mal sah, war Dottor Monaco nicht zu Hause. Seine Frau empfing mich jedoch mit großer Herzlichkeit und ermutigenden Worten. An diesem Tag wie auch später war sie mir eine große Hilfe und Stütze. Ich erinnere mich an einen von dem grauen Licht eines verregneten Nachmittags schwach erhellten Raum. In einer Ecke fertigten zwei Mädchen eine Fahne an. Alles schien mir so fremd und wunderbar zu sein: Wie lange hatte ich schon keine italienische Fahne mehr gesehen und keine Worte der Hoffnung mehr gehört.

Was das Schicksal meines Mannes betraf, hatte ich nur wenig hoffnungsvolle Zeichen erhalten. Die Amerikaner waren noch immer nicht eingetroffen, und ich wußte, daß von dem Gefängnis häufig Lastwagen mit Menschen in Richtung Deutschland fuhren... An dem großen Tisch gegenüber dem Fenster saß Pertini. Sein Gesicht und seine Person strahlten einen für mich völlig neuen, kraftvollen Optimismus aus. Er sagte mir, daß er meinen Mann im Gefängnis getroffen habe und mit ihm eine gute Stunde sprechen konnte. Erstmals seit der Verhaftung hatte ich in Sandro Pertini einen Menschen vor mir, der mir Auskunft über das Schicksal meines Mannes geben konnte. Pertini sprach mir Mut zu und vermittelte mir das Gefühl, endlich wieder einen glücklichen Tag in dieser doch sonst so dunklen Zeit erlebt zu haben.

Er hat mir an jenem Tag für immer Mut gegeben. Dieses war seine außergewöhnliche Fähigkeit: sofort den Nächsten an seiner Seite seine menschliche Solidarität spüren zu lassen. Diese Fähigkeit zur Teilnahme an dem Schmerz des Einzelnen verlor er auch nicht angesichts der großen, nicht nur individuellen Unglücksmomente im Laufe seines politischen Lebens. Viele Jahre später, als er längst Präsident der Republik geworden war, habe ich am Fernsehen wiederholt beobachtet, wie er sich dem Schmerz des Nächsten näherte: mit derselben Unvermitteltheit, die er auch mir gegenüber an jenem so weit zurückliegenden Tage gezeigt hatte.

Als ich ihn bei Dottor Monaco kennenlernte, war er noch keine Persönlichkeit des öffentlichen Lebens. Er war noch ein Flüchtling im Untergrund, der ein äußerst risiko- und entbehrungsreiches Leben führte. Jedenfalls vergaß er sich selbst sofort, um sich ganz meiner Angst zuzuwenden. Wir hatten uns gerade erst kennengelernt, und sofort war er mir brüderlich nahe, als ob wir uns schon seit Jahrhunderten gekannt hätten.

Während seiner Präsidentschaft brachte das italienische Volk Pertini so viele Gefühle entgegen wie sonst keinem anderen Politiker. Seine Fähigkeit, den Schmerz des Nächsten zu teilen, ist in jenen Jahren sicher eine der Fähigkeiten gewesen, die Italien am meisten bewunderte. Die Menschen spürten in seiner Gegenwart nie jene unsichtbare Barriere, die sich sonst sofort vor einer Person des öffentlichen Lebens aufrichtet.

Als öffentliche Person nahm er nie ein staatsmännisches Gehabe an; er blieb unkalkulierbar, unruhig, widerspenstig und unbequem gegenüber jeder Verpflichtung seines offiziellen Amtes. Immer war er schnell bereit, sich an die Seite der Schutzlosen, der Armen, des einfachen Volkes, aller an den Rand Gedrängten und im Schatten Lebenden zu stellen.

Aus: L'Unità, *26. 2. 1990*
Übersetzung: Carl-Wilhelm Macke

Sandro Pertini
Foto: Süddeutscher Verlag Bilderdienst, München

Notizbuch:

Dritte Weltmacht Vatikan?

Rom, September 1870: Der Papst war am Ende, doch am Ende war wieder der Papst. So etwa – in Abwandlung der berühmten *Spiegel*-Selbstkorrektur in Sachen De Gaulle – die Situation des Stellvertreters Christi nach der Bresche von Porta Pia. Denn dank des Zusammenbruchs des *»Potere temporale«* entwickelte sich die Katholische Kirche in nachfolgenden Jahrzehnten zu einem auch und gerade weltlichen Machtfaktor, der in einer paradoxerweise zunehmend entkatholisierten Welt buchstäblich seinesgleichen sucht. Vielleicht gelingt künftigen Historikern einmal der Nachweis, daß an den jüngsten politischen Umwälzungen zwei polnische Katholiken als »begnadete« Diplomaten wesentlichen Anteil hatten – der eine in Danzig, der andere in Rom (Titelstory in *L'Express* vom 23. März 1990: *Europe de l'Est: la victoire du pape* [*Osteuropa: der Sieg des Papstes*].

Moral: Die »Seconda Roma« hat Konjunktur. Der Buchmarkt mag dies erkannt haben. Denn nahezu gleichzeitig erschienen bei uns zwei Bände, die einer weltanschaulich wie weltlich motivierten Leserschaft die Geschichte des Papsttums in Erinnerung bringen könnten.

1970 hatte Albert Wucher, der Rom- und konzilserfahrene, in Mainz lehrende Historiker und Publizist *Von Petrus zu Paul* veröffentlicht. 1989 erschien die zweite Auflage: natürlich erweitert, aber mit unverändertem Haupttitel: *Von Petrus zu Paul. Eine Weltgeschichte der Päpste bis Johannes Paul II.* Der im Grunde passendere, aktualisierende Titel hatte zwischenzeitlich anderenorts Verwendung gefunden, nämlich für die buchgewordene, mitunter angenehm kritische, mitunter weniger angenehm summarische Rundfunkvortragsreihe von Horst Fuhrmann: *Von Petrus zu Johannes Paul II. Das Papsttum: Gestalt und Gestalten*, München 1980.

Die rasanten Ereignisse der vergangenen Monate könnten dazu verleiten, mit der Lektüre ganz hinten zu beginnen. Die Feststellung wäre, daß schon nach wenigen Monaten die Meinungen und Prognosen des letzten neuen Abschnitts (S. 268–283) wenn nicht korrektur-, so doch ergänzungsbedürftig wären. Denn ungeachtet der (von Wucher beklagten) Refundamentalisierung der Kirche unter dem »ersten polnischen Papst« sind selbigem Papst und selbiger Kirche just im Osten weitere Durchbrüche gelungen.

Doch nicht nur ab Seite 268, sondern insgesamt ist Wuchers Werk ein weiteres Beispiel dafür, daß Historiographie durch stilistische Gravität nicht lehrreicher wird. Was hier auf knapp dreihundert Seiten sprachlich gefällig geboten wird, verdient Bewunderung und Dank: eine »Weltgeschichte der Päpste« nicht nur »für ein breites Publikum« (hier untertreibt der Verlagswaschzettel), sondern ein Werk, das auch den mit Vorkenntnissen Gesegneten / Belasteten zum Überdenken animiert. »Der politische Aspekt des Papsttums steht im Vordergrund« (hier hat der Waschzettel wieder recht), und gerade deshalb verhelfen die den Jahren ab 1870 gewidmeten Abschnitte zu einer Würdigung der unleugbaren Erneuerungsleistung der Kirche von einem Tiefpunkt weltlichen Bedeutungsverlustes zu einem (ohne die von Stalin ironisch vermißten Divisionen) neuen Höhepunkt auch weltlichen Einflusses. Schade nur, daß zum Weiterbuddeln nicht der Schatten einer Bibliographie beigegeben wird. »Ich konnte mich nicht überzeugen, daß dem Leser mit einer Aufzählung von Titeln gedient wäre« (Vorwort S. 14). Doch: ihm wäre.

J. N. D. Kelly ist da entgegenkommender. Innerhalb des vielseitigen Programms der »Oxford Dictionnaries« schrieb Kelly *The Oxford Dictionnary of Popes* (1986). Aus dem »The Oxford« wurde in der Übersetzung ein »Reclams«: *Reclams Lexikon der Päpste*, Stuttgart 1988. Sonst aber mag alles wortgetreu übernommen worden sein: Zwischen »Petrus. Apostel und Heiliger († um 64)« und »Johannes Paul (16. 10. 1978–)« aberdutzende weiterer, chronologisch geordneter, mit Literatur abgerundeter Papst- und Gegenpapst-Artikel sowie ein Glossar kirchenhistorischer wie theologischer Begriffe (S. 349 –361). Der ganze Band ein reichhaltiger Ersatz für das zuletzt 1965 als Fischer-Taschenbuch in der Reihe »Bücher des Wissens« gedruckte, längst vergriffene *Neue Papst-Lexikon* (Zürich 1956) von Hans Kühner.

Im Glossar vermißt man zwischen »Offizium, Heiliges« und »Ottonianum« einen gleichfalls etwa zwölf Zeilen starken Artikel »Opus Dei«. Dafür bietet Kelly zwischen dem »Verzeichnis der Päpste und Gegenpäpste« und dem genannten Glossar einen immerhin ein bis zwei Seiten starken »Anhang« über die von Albert

Wucher schmählich übergangene legendäre Päpstin Johanna – abermals mit (allerdings ergänzbarer) Literatur. Dem Kompilator von *The Oxford Dictionnary of Popes* sei auch hierfür gedankt. Denn Konjunktur haben schon seit der Jahrhundertwende auch legendäre bzw. erfundene Päpste und Päpstinnen in der Weltliteratur (»fantavaticano« heißt das Genre in Italien): aus Gründen, denen in einem Dutzend Magisterarbeiten nachzugehen wäre. Im fiktionalen Bereich bezeugen sie auf ihre Weise die im abklingenden zweiten Jahrtausend steigende Relevanz des realen Papsttums.

Titus Heydenreich

Immagini al confronto – über Bilder und Klischees, die sich Deutsche und Italiener voneinander gemacht haben. Eine Tagung in Trient

Italien und Deutschland von 1830 bis zur nationalen Einigung stand als Thema über der einunddreißigsten Studienwoche des Italienisch-Deutschen Historischen Instituts in Trient. Die Leitung dieser Konferenz, die im September 1989 stattfand, hatten die Professoren Angelo Ara (Pavia), der auch in der Bundesrepublik durch sein zusammen mit Claudio Magris herausgegebenes Buch über Triest den Liebhabern italienischer Kultur nicht unbekannt ist, und Rudolf Lill (Karlsruhe), dessen *Geschichte Italiens* eines der Standardwerke über die geschichtliche Entwicklung Italiens in der Neuzeit geworden ist.

Angelo Ara und Rudolf Lill sind seit langem Mitglieder des Wissenschaftlichen Beirats des Trienter Instituts, das seit 1975 regelmäßig Tagungen veranstaltet und die Ergebnisse dieser Konferenzen in mehreren Reihen regelmäßig publiziert[1]. Im März 1988 wurde von Mitgliedern des Wissenschaftlichen Beirats, die besonderes Interesse an einer verstärkten Förderung der wissenschaftlichen Beziehungen zu Italien haben, der Verein für italienisch-deutsche Geschichtsschreibung gegründet. Zum Vorstand gehören die Historiker Eberhard Weiss (München), Heinrich Schmidinger (Salzburg), Pierangelo Schiera (Trient), Rudolf Lill (Karlsruhe) und Paolo Prodi (Trient). Die Absicht des Vereins besteht darin, einen organisatorischen Rahmen für Wissenschaftler zu schaffen, die sich bereits an gemeinsamen Projekten der deutschen und italienischen Geschichtsforschung beteiligt haben. Wie beim Italienisch-Deutschen Historischen Institut, an dessen bisherige Arbeit der Verein sich anlehnt, können auch die Projekte des Vereins für italienisch-deutsche Geschichtsschreibung alle geschichtswissenschaftlichen Problemkreise betreffen, die von italienischer und deutscher Seite einer vergleichenden Untersuchung unterzogen werden können[2]. Dieser weitgezogene Rahmen geht über die Fachgrenzen hinaus, ist interdisziplinär ausgerichtet und stellt sich dem Diskurs verschiedener Fachdisziplinen. So bot auch die Trienter Studienwoche über *Italien und Deutschland im neunzehnten Jahrhundert* nicht allein für Historiker (darunter viele Studenten, denen die Teilnahme durch ein Stipendium des Instituts ermöglicht wurde) aus Italien, Österreich und der Bundesrepublik Deutschland einen diskussionsfreudigen Rahmen für Vergleiche und Konfrontationen, sondern auch für Vertreter der Politik- und Literaturwissenschaft. Das Ziel, an dem sich die Vorträge aller Referenten orientierten, bestand zum einen in der Identifizierung von »Stereoytypen«, von festgelegten Urteilen und natürlich auch von Vorurteilen, auf denen das Italienbild der Deutschen und das Deutschlandbild der Italiener basierten. Auf der anderen Seite stand das Bemühen, politische und zeitliche Berichte zu präzisieren, in denen diese Stereotypen ihren Ursprung und ihre Verbreitung fanden. Der interdisziplinäre Rahmen der Tagung erwies sich dabei als äußerst anregend: Während die Historiker sich vor allem auf politische Bücher und auf Zeitungen und Zeitschriften stützten, argumentierten die Literaturwissenschaftler auf der Grundlage von Reiseberichten und italienischen Motiven in der Literatur des neunzehnten Jahrhunderts. So konnten dem gerade in der Literaturwissenschaft relativ gut erforschten Bereich facettenreiche neue Aspekte über den Zeitraum zwischen 1830 und 1870 hinzugefügt werden: Jahrzehnte, die ja in beiden Ländern für das Entstehen eines Bewußtseins nationaler Identität und die Bildung eines Nationalstaates entscheidend waren.

Das einleitende Referat über »Die Entwicklungen des deutschen politischen Italienbildes bis zur Revolution 1848/49« hielt der Historiker Wolfgang Altgeld (Karlsruhe). Ergänzend dazu sprach Hansgeorg Schmidt-Bergmann (Karlsruhe) über die »Politischen Dimensionen in literarischen Italienbildern: Klassik, Romantik, Junges Deutschland«. Beide Referate verdeutlichten neben den bekannten Klischees erste Umrisse eines politischen Italienbildes. Dieses sei oft verbunden mit dem Topos einer Dekadenz, was nicht zuletzt eine Folge langer Fremdherrschaft sei, unfähig, ein Bewußtsein nationaler Identität und politischer Einheit zu schaffen. Adam Wandruszka (Wien), einer der Gründungsmitglieder des Trentiner

Instituts, stellte die Gegensätzlichkeit des österreichischen Italienbildes vor allem anhand der Werke Grillparzers vor. Die Bedeutung der Revolution von 1848 für die Konsolidierung des nationalen Prinzips in Deutschland wurde von Giuseppe Rutto (Turin) in Erinnerung gebracht. Erst seit 1848 ist auch ein »chronologischer und positiver Parallelismus« der nationalen Einigungsbewegungen festzustellen, wie Umberto Corsini (Trient) ausführte. Das Deutschlandinteresse Italiens erreichte seinen Höhepunkt im Zusammenhang mit der Krise von 1859, in der auch deutsche Demokraten ausführlich über die künftige Rolle Italiens debattierten, sie situierten es dabei entweder in einem europäischen Gleichgewichtssystem oder im Schatten französischer Hegemonie. Italiens Angst vor einem zu starken Deutschland, die schon 1848 artikuliert worden war, ist bis heute nicht ganz geschwunden, wie die aktuelle Diskussion nach dem Fall der Mauer gezeigt hat.

Die italienische Einigung hatte zunächst eben auch die volle Sympathie der deutschen Linken, die sich jedoch desillusioniert zurückzog, nachdem Cavour 1860/61 die moderate, zwar politisch liberale, aber im sozialen Bereich eher konservative Form der nationalen Einigung durchgesetzt hatte; dafür blieb das konstitutionelle neue Italien ein Modell für die deutschen Liberalen. Den deutschen Literaten erschien Italien erneut vor allem als Land der Kunst, wie Titus Heydenreich (Erlangen) in seinem Vortrag ausführte.

Nationale Identitäten haben noch immer eine politische Qualität, wie die jüngste europäische Entwicklung nachhaltig wieder ins Bewußtsein gerückt hat. Tagungen wie die in Trient können natürlich keine historischen Modelle liefern, aber vielleicht daran erinnern, wie schwierig der mitteleuropäische Weg zu nationalen Identitäten gewesen ist, und vor allem, wie schwierig es sein wird, in Zukunft eine europäische Identität zu begründen, die überholte, enge und nationale Stereotypen hinter sich läßt.

Hansgeorg Schmidt-Bergmann

Anmerkungen

1 Vgl. *Annali dell'Istituto italo-germanico in Trento. [Jahrbuch des Italienisch-Deutschen Historischen Instituts in Trient]*, Il Mulino, Bologna 1977ff. Daneben existieren weitere Publikationsreihen: die Reihe *Quaderni* und *Monografie*, die auf italienisch erscheinen, sowie die zweisprachige Reihe *Contributi / Beiträge*, die ebenfalls im Verlag Il Mulino und parallel beim Verlag Duncker & Humblot erscheint.

2 Informationen über die Tätigkeit des Verein für italienisch-deutsche Geschichtsforschung können einge-

holt werden bei: Sekretariat des Italienisch-Deutschen Historischen Instituts in Trient, Via S. Croce 77, I-38100 Trento.

Schreibpraxis und neue Literaturgeschichtsschreibung in A. A. Rosas »Italienischer Literaturgeschichte« – ein Kolloquium in Pommersfelden

Vom 31. Mai bis 2. Juni 1990 diskutierten auf Schloß Pommersfelden unter der Leitung von Volker Kapp (Erlangen) italienische und deutsche Literaturwissenschaftler Probleme der aktuellen Literaturgeschichtsschreibung anläßlich der Publikation von Alberto Asor Rosas neuester *Italienischer Literaturgeschichte* [Alberto Asor Rosa (Hrsg.), *Letteratura italiana – Storia e geografia*, 10 Bde., Einaudi, Turin 1988]. Die persönliche Anwesenheit Asor Rosas, der mit seinem einführenden Vortrag über die diversen Modelle neuerer Literaturgeschichtsschreibung auf die Problematik heutiger italienischer Literaturgeschichtsschreibung einging, ermöglichte eine intensive Auseinandersetzung mit den Grundlagen dieses monumentalen Werkes, das die Krönung des Lebenswerks eines der originellsten italienischen Literaturwissenschaftler ist. Die zehnbändige enzyklopädisch angelegte Reihe zeichnet sich durch einen neuen methodologischen Ansatz aus, bei dem die eindimensionale durch eine mehrdimensionale Lektüre ersetzt und dadurch eine Synthese verschiedener neuerer literaturwissenschaftlicher Methoden ermöglicht wird.

Bei Asor Rosa ging es wie auch bei Ulrich Schulz-Buschhaus (Graz) und Volker Kapp immer wieder um eine Auseinandersetzung mit der Literaturgeschichte von De Sanctis, der innerhalb eines teleologischen Konzepts die einzelnen Werke in eine einheitliche, chronologische Struktur einfügte. Asor Rosa hingegen möchte die gegenwärtige literarische Ästhetik, wie sie exemplarisch von Calvino vertreten wird, für die Deutung von Literatur fruchtbar machen, um den Text nicht mehr, bildlich gesprochen, »als Zentrum eines kopernikanischen Sonnensystems, sondern als Teil eines komplexen Sternensystems zu erforschen.« In diesem Sinne könnte diese Literaturgeschichte endlos erweitert werden.

Diese Schwerpunktverschiebung läßt sich auch anhand der Themen feststellen, die die Vortragenden behandelten. Jean Louis Fournel (Paris) entwarf eine Form topologischer Literaturanalyse, indem er Lebensräume wie Stadt, Platz, Hof, Café als konkrete und symbolische Ausgangspunkte für das Entstehen von Literatur deutete. Hans Felten (Aachen) stellte bei den sogenannten »jungen« italienischen Schriftstellern eine Tendenz zur Adaption gesamteuropäischer Literaturmodelle fest, was eine Umwertung gegenüber der früher eher nationalen Perspektive bedeutet. Die Diskussion zu diesem Vortrag kreiste um die Frage, inwieweit diese Literatur mit Massenkommunikation zu tun hat, ein Punkt, den Alberto Abruzzese (Neapel) anschließend in eine grundsätzliche Darstellung der literarischen Aspekte von Massenmedien ausweitete. Giuditta Isotti-Rosowsky (Paris) kritisierte den Artikel über das Unbewußte in der Literatur in der neuen Literaturgeschichte und stellte dabei einen Zusammenhang zwischen diesem Aufsatz und der Freud-Rezeption in Italien her. Roberto Antonelli (Rom) zeigte, wie in den letzten vier Bänden der neuen Literaturgeschichte Dionisottis Konzept einer Darstellung der italienischen Literatur nach geographischen Gesichtspunkten verwirklicht worden ist. Armando Petrucci (Rom) verfolgte vom Mittelalter bis ins 16. Jahrhundert, wie sich die Praxis des Schreibens an unterschiedlichen Orten (in Klöstern, Kirchen, Schreibwerkstätten usw.) auf das Verständnis der Literatur, des Lesens und des Schreibens ausgewirkt hat. Um einen Wandel des Literaturverständnisses ging es auch Claudio Colaiacomo (Rom) und Corrado Bologna (Chieti). Im Anschluß an Bolognas Ausführungen entspann sich eine Diskussion über die in Italien und Deutschland unterschiedliche Einschätzung der Bedeutung Walter Benjamins für die heutige Literaturinterpretation.

Das Kolloquium ermöglichte einen intensiven Gedankenaustausch zwischen deutschen und italienischen Literaturwissenschaftlern und trug damit wesentlich zur Klärung der jeweiligen Standpunkte bei. Die Protokolle der Tagung werden 1991 im Stauffenburg-Verlag (Tübingen) erscheinen.

Christine Dauner

Enzo Paci – ein »maître à penser« der italienischen Nachkriegsphilosophie

Wenn von der italienischen Philosophie der Nachkriegszeit die Rede ist, fällt auch der Name Enzo Paci. Die italienische Philosophie besinnt sich auf ihre eigene, neuere Geschichte, und damit ist das Interesse an der Figur des 1976 erst vierundsechzigjährig verstorbenen Philosophen neu erwacht: Der Bompiani-Verlag hat die ersten beiden Bände einer Gesamtausgabe herausgebracht, und mit Amadeo Vigorellis *L'esistenzialismo positivo di Enzo Paci* [*Der positive Existenzialismus Enzo Pacis*] ist eine genaue Studie über die frühe Phase seines Denkens erschienen.

Durch seinen Lehrer Antonio Banfi wird Enzo Paci schon in den dreißiger und vierziger Jahren auf Edmund Husserls Phänomenologie aufmerksam; zugleich ziehen ihn die Themen des Existentialismus und dessen Polemik mit den Kategorien der Schulphilosophie an. Dennoch ist er im eigentlichen Sinn als Nachkriegsphilosoph zu bezeichnen. Er gehört zu den Protagonisten der philosophischen und kulturellen Debatten im Italien der fünfziger und sechziger Jahre. Nicht nur von seinem Lehrstuhl in Pavia und, nach 1957, von dem an der Mailänder Universität aus war er Kulturvermittler und »maître à penser« für eine ganze Generation: als Gründer der Zeitschrift *Aut Aut* [*Entweder – Oder*] 1951, als Initiator von Vortragsreihen im italienischen Rundfunk zur vorsokratischen ebenso wie zur zeitgenössischen Philosophie, durch die Zusammenarbeit mit Alberto Mondadori im Verlag Il Saggiatore (1958–1969). Auf seine Anregung hin wurden Neuerscheinungen der europäischen und amerikanischen Kulturszene unmittelbar rezepiert und Husserl, Sartre, Merleau-Ponty und Lévi-Strauss übersetzt.

Denken und Leben sind bei Enzo Paci nicht voneinander zu trennen. Faschismus, Krieg und nach der italienischen Kapitulation die zweijährige Internierung in deutschen Lagern (hier begann eine Freundschaft mit dem französischen Philosophen Paul Ricoeur) – das sind Erfahrungen, die bei Paci als Instanz zu geistiger Aufrichtigkeit und instinktivem Mißtrauen gegen Intoleranz wirksam sind. Er verkörpert eine Philosophie, die ganz auf den Menschen bezogen ist – sie ist nicht einem Fachpublikum vorbehalten, sie wird in unermüdlicher Bereitschaft, zu lernen und zu lehren, weitergegeben.

Diese Idee liegt auch einer Kolumne zugrunde, die er von 1963 bis 1974 für *Aut Aut* verfaßt: *Il senso delle parole* [*Der Sinn der Wörter*] Begriffe wie »epoché« aus Husserls Phänomenologie oder »Struktur« bei Lévi-Strauss werden in den Zusammenhang seiner nächtlichen Reflexionen gestellt, die bei einem Wort oder einem Werk der aktuellen Kulturdebatte einhaken, es umkreisen, davon abschweifen, um dann auf ganz anderen Wegen dazu zurückzukehren. Die ins Unreine geschriebenen Seiten sind beinahe ein philosophisches Tagebuch, wie er es selbst mit dem *Diario fenomenologico* [*Phänomenologisches Tagebuch*] (1961) für die Zeit seiner »Wiederentdeckung« Husserls veröffentlicht hat. Die Beiträge aus elf Jahren sind jetzt bei Bompiani gesammelt erschienen. In seiner Einleitung nennt sie der Herausgeber und heutige Leiter von *Aut Aut*, Pier Aldo Rovatti, ein Wörterbuch »in progress«, eine kulturelle Agenda einer Epoche starker theoretischer und politischer Spannungen.

Enzo Paci gründet *Aut Aut* als Zeitschrift für Philosophie *und* Kultur. Über lange Zeit sind die fachphilosophischen Beiträge sogar in der Minderzahl (Chefredakteur war anfangs der Kunsttheoretiker Gillo Dorfles). Pacis Vielseitigkeit und nicht auf eine Kultursparte beschränkte Aktivität scheint ein Phänomen zu sein, das in Italien häufiger vorkommt. Seine jahrzehntelange Freundschaft mit Ernesto Nathan Rogers von dem Architekturstudio BBPR führt zu einem unter Philosophen einzigartigen Gedankenaustausch, desgleichen die Verbundenheit mit dem 1986 verstorbenen Musikwissenschaftler Luigi Rognoni. Das »Abdriften« seiner Texte in die Bereiche der Poesie, Musik, Architektur oder der Psychoanalyse wird so für seinen Denk- und Schreibstil charakeristisch.

Ein Wort zum Zeitschriftentitel *Entweder – Oder*: Paci beruft sich mit diesem Begriffspaar auf Sören Kierkegaards Entscheidung zwischen ästhetischem und ethischem Leben. Auch der Nachkriegsphilosoph muß sich entscheiden – er kann keine endgültigen Antworten mehr geben, nicht mehr das Absolute enthüllen. Die moderne Kultur, so Paci 1951, werde nicht mehr von der Kategorie der Notwendigkeit, sondern von der Möglichkeit regiert. Entweder – Oder: Die Entscheidung fällt für den ungesicherten Bereich der Freiheit, dafür, Verzweiflung und Schwindel vor dem Abgrund auszuhalten. Einige Interpreten (Pier Aldo Rovatti, Carlo Sini) weisen deshalb neuerdings auf ein bei Paci unterschwellig agierendes Thema des Negativen und des Nichts hin. So wäre auch Pacis erste, nicht ganz glückliche Definition der eigenen Philosophie als »positiven Existentialismus« als eine Art Exorzismus des Negativen zu verstehen.

Aber dieses Thema stand zu seinen Lebzeiten im Hintergrund gegenüber seinem Engagement für neue Denkformen, die das Dynamische, Beziehungsreiche, Vielfältige der Wirklichkeit erfassen sollen. Wo er den Existentialismus aufgreift, geschieht dies in einem humanistischen Sinn. Man spürt den Einfluß Benedetto Croces, wenn Paci das Subjekt von Anfang an als konkretes und geschichtliches versteht, als ein Ich mit Bedürfnissen. Klarer bezeichnet da schon seine Begriffsprägung »Relationismus« eine Grundhaltung, die gegen das Auskristallisieren der Wirklichkeit in isolierte Begriffe gerichtet ist.

In seinem Nachruf auf Enzo Paci zieht Umberto Eco 1976 im *Corriere della Sera* einen interessanten Vergleich mit dem zwei Monate zuvor gestorbenen Martin Heidegger: Heideggers philosophische Bedeutung sei sicher ungleich größer als die Enzo Pacis – aber Heideggers Denken, so Eco, sei eines nicht gewesen: »generös«. Generös seiner Zeit gegenüber zu sein habe mit Liebe zu ihr zu tun, mit der Fähigkeit, sich auf die Gegenwart einzulassen, sich mit ihr zu »kompromittieren« – so habe Jean-Paul Sartre die Konfrontation mit seiner Zeit gesucht, ebenso Maurice Merleau-Ponty.

Enzo Paci gehört ganz in ihre Nähe: Er war in höchstem Maß offen für seine Zeit, und die Gefahr des »Rückfalls in die Barbarei«, die auch Gefahr der Engstirnigkeit ist, war ihm immer präsent.

Christine Dirnaichner

Literatur

Enzo Paci, *Il senso delle parole (1963–1974)*, herausgegeben von Pier Aldo Rovatti, Bompiani, Mailand 1987.

Ders., *Il significato del Parmenide nella filosofia di Platone* (1938), Bompiani, Mailand 1988.

Ders., *Il nulla e il problema dell'uomo* (1950), Bompiani, Mailand 1989.

Aut Aut, Nr. 214–215, Juli–Oktober 1986 (Sondernummer zum zehnjährigen Todestag Enzo Pacis).

Amedeo Vigorelli, *L'esistenzialismo positivo di Enzo Paci. Una biografia intellettuale (1929–1950)*, Franco Angeli Editore, Mailand 1987.

Umberto Eco, *Paci sempre pronto a mettersi a scuola*, in: *Corriere della Sera*, 24. Juli 1976.

Rezensionen

Domenico Starnone, *Il salto con le aste*, Feltrinelli, Mailand, 1989
Palombella rossa, ein Film von Nanni Moretti, 1989

Wollte man ein Thema finden, das dem Jahr 1989 als Überschrift dienen könnte, so käme man wohl bald auf »Krise des Marxismus« oder die »Auflösung des Kommunismus«. Dies gilt nicht nur für die Länder des »realexistierenden Sozialismus« sondern auch für Italien, denn im vergangenen Jahr ist die Identität der Kommunistischen Partei Italiens (PCI) heftig in Frage gestellt worden. Diese schon mehrere Jahre schwelende Krise bildet den Hintergrund, vor dem die jüngsten Arbeiten des Schriftstellers Domenico Starnone und des Filmregisseurs Nanni Moretti zu betrachten sind.

Starnone, Jahrgang 1943, hat mit dem Journalismus und der politischen Satire, unter anderem im satirischen Heft des PCI-Organs *Unitá*, angefangen. Er ist noch heute Redakteur des *Manifesto*, das sich zwar als »quotidiano comunista«, als kommunistische Tageszeitung, versteht, jedoch nicht zur PCI gehört. Bekannt geworden ist er durch *Ex Cattedra*, [*Vom*

Katheder], eine im Verlag des *Manifesto* erschienene, groteske und scharfe Chronik der bewegten Schulkämpfe des Jahres 1985 am Beispiel eines römischen Gymnasiums.

Unter der Kategorie des Komischen könnte man auch seinen ersten Roman *Il salto con le aste* [*Der Sprung mit den Stäben*], einordnen. Das italienische *asta* steht nicht nur für das Sportgerät, das beim Stabhochsprung benutzt wird, sondern meint auch »Strich«. »Aste« sind jene Grundstriche, mit denen vormals ABC-Schützen ihre Hefte füllten, bevor sie die ersten Schriftzeichen erlernten. Der Titel des Romans ist auch der Schlüssel zu Starnone. Er bezeichnet das Streben seiner Figuren nach Wissen und Kultur und kündigt die Geschichte ihrer grotesken, mühsamen Eroberung der Sprache in allen Registern und Formen – von der Literatursprache bis hin zum politisch-soziologischen Jargon – an. Den »Sprung« zu machen, heißt hier, jene Kompetenz zu erringen, mit deren Hilfe sich auch die kodierten Wahrheiten, die unverständlich und mysteriös auf die zunächst jungen Protagonisten eindringen, entziffern lassen.

Zehn Jahre jünger als Starnone ist Nanni Moretti, einer der interessantesten Nachwuchs-Regisseure. Mit seinem zweiten Film *Ecce Bombo*, der wie sein Debüt-Film *Io sono un autarchico* [*Ich bin autark]* ein Panorama der römischen Jugend und ihrer Lebensformen entwirft, ist er 1977 in Italien bekannt geworden. Seinen ersten internationalen Erfolg hatte er mit *La messa é finita* [*Die Messe ist zu Ende*], der 1986 auf der Berlinale mit dem Jury-Preis ausgezeichnet wurde. Sein jüngster Film *Palombella rossa*, wurde im September 1989 bei der Mostra Cinematografica der Biennale in Venedig uraufgeführt, stand allerdings unerklärlicherweise nicht im Wettbewerb. Auch der Titel dieses Films deutet auf einen Sport hin: »Palombella« ist im Fachjargon ein besonders raffinierter Wurf beim Wasserball. Um den Wasserball und um ein Schwimmbekken, in dem zwei Manschaften aufeinandertreffen, dreht sich die Handlung des Films. Das Adjektiv »rossa« verweist auf die symbolische Bedeutung dieses Wurfs, der in einer sehr langen Szene ohne Ton, die die raumzeitliche Kontinuität des Filmes unterbricht, dargestellt wird und der die Parabel des Films zum Ausdruck bringt.

Wie in Starnones Roman geht es auch in Morettis Film um eine trotz komischer Kehrseiten zähe Auseinandersetzung mit der eigenen Geschichte, mit der Politisierung in der Jugend. Sie wird von Moretti durch Einschübe aus einem alten Super-8-Film portraitiert, dessen Hintergrund das trostlose Rom der Peripherie bil-

Aus dem Italienischen von Sabina Kienlechner.
306 Seiten. Geb. DM 39.80

In Mahò hat man Öl gefunden! Das afrikanische Dorf wird zum Mahlstrom, der Menschen, Geld und Güter in sich hineinsaugt, auf aberwitzige Art durcheinanderwirft und zerreibt. Der Zirkusdirektor Esterhazy und der Kinomann Ghisc geraten in diesen Strudel und scheitern auf tragikomische Weise.

Aus dem Italienischen von Bettina Kienlechner.
SP 917. DM 14.80
Deutsche Erstausgabe

Die hier erstmals in deutscher Übersetzung vorgestellten Erzählungen und Erzählfragmente sowie der Drehbuchtext »La ricotta« zu dem berühmten Episodenfilm »Rogopag« entstanden in den Jahren 1950-1965.

PIPER

det. Auch Starnone setzt die Jugendlichen in einem schmutzigen, überfüllten Rom in Szene. Besonders intensiv beschäftigen sich jedoch Starnones Buch wie Morettis Film mit der kommunistischen Identität in ihrer italienischen, durch die PCI geprägten Variante. Nach dieser Identität, nach den Worten und Begriffen, mit denen sie zu fassen wäre, fragen die beiden Protagonisten, die wohl aus Zufall beide Michele heißen. Es ist jedoch kein Zufall, daß 1989, als Film und Buch herauskamen, eben dieses Problem den Vorstand der PCI beschäftigte und die Partei unter dem Eindruck der Ereignisse in Osteuropa und China an den Rand des Zusammenbruchs und der Spaltung brachte. Was für einen Sinn hat es heute noch, Kommunist zu sein? Und wenn es keinen hat, wie soll, wie kann und darf man sich bezeichnen? An welche Traditionen ist anzuknüpfen?

Der Leinwand-Michele ist eine brillante Verkörperung des Problems. Als wichtiger Mann der PCI hat er nach einem aufsehenerregenden Fernsehauftritt, an den er sich nun nicht mehr erinnern kann, das Gedächtnis verloren und zeigt sich als verwirrter Akteur in einem fremden Spiel: Er weiß weder wer er ist, noch welche Rolle er innehat oder warum er sich an der Partei beteiligt. In seiner Verwirrtheit erinnert Michele an den Protagonisten von Fellinis *Otto e mezzo*. Auf Fellini verweisen darüber hinaus viele glückliche stilistische Lösungen des Films, die »Stimmung« seiner Bilder und manche deutliche Zitate. Der Film geht – wie viele Filme Fellinis –, verschwenderisch mit Metaphern um. Da ist die Symbolik des Schauplatzes, an dem der Sport auf raffinierte Weise zur Metapher der Politik wird, nicht zuletzt durch die Wahl einer Sportart, bei der sich, wie in der Politik, vieles unter der (Wasser-)Oberfläche abspielt; da sind die vielen symbolisch-exemplarischen Erscheinungen, die in der surrealen Atmosphäre der Schwimmhalle neben Michele auftauchen, allerhand komisch-grausame Figuren, die ihn herausfordern, ihn um Dinge bitten, ihn anbeten, beschimpfen und von ihm beschimpft werden. An Anspielungen auf Geschichte, Politik und Gesellschaft Italiens mangelt es nicht; oft wird deutlich auf Verbündete oder Gegner der Partei Bezug genommen. Es geht Moretti um die Suche nach einem historischen Gedächtnis der PCI. Der Film hat wie alle kompromißlosen Enthüllungen etwas Grausames. Er läßt Michele das Spiel verlieren: Der strategisch komplizierte Wurf, eben die »Palombella«, ist ein Fehlschlag, zu kompliziert und zu intellektuell, um tatsächlich den Gegner ausstechen zu können. Mehrmals schreit Michele im Film seine Lösung aus: Man sollte eine neue

Sprache schaffen, wegkommen von den abgenutzten Formeln eines rein demagogischen Sprachgebrauchs. Nicht zufällig ist das, was Michele am meisten haßt, die journalistische Ausdrucksweise: »trend negativo«, »professionalità«, solche Worte bringen ihn zum »Ausrasten«.

Die Eroberung einer Sprache, die zu neuen Difinitionen und Erkenntnissen fähig ist, steht auch im Mittelpunkt von Starnones Roman. In der Geschichte der beiden Protagonisten, des Erzählers und seines Freundes Michele, die unter einem »scontento lessicale«, einem »sprachlichen Unbehagen« leiden, ist die Eroberung von neuen Sprachkompetenzen ein Mittel, von der Plattheit und grauen Armut des alltäglichen Wortschatzes zu der vielfältigen Welt einer ersehnten Kultur überzugehen. Die Geschichte ihrer Kindheit und Jugend wird in Rückblenden erzählt und zeugt von einem Willen zum »Anderssein«, das sich vor allem als hochentwickelte Sensibilität für die Sprache äußert, als Neigung, dem Zauber von Sätzen, Wörtern, Silben und Lauten zu erliegen. Die beiden werden nicht nur vom »kultivierten« Wortschatz ergriffen, der hier als ein Salat von antik-preziösen, im aktuellen Kontext absurden Vokabeln vertreten ist (»allibisco«, »rapina«, »ilota«, »vanesia«). Bald richtet sich ihr Wissensdurst auch auf die links politischen Ausdrucksweisen, auf die unverständlichen Worte, Sigel und Abkürzungen, die die Debatten in der von ihnen frequentierten Ortsgruppe der PCI schmücken: Wie magische Formeln sollen sie ihnen die Tore zu neuen Welten eröffnen. In ihrer Bildungsgeschichte sieht man die beiden Helden nirgends und vor nichts zurückschrecken. Auch dann nicht, wenn die Orte der Kultur von Wörtern wie von Gespenstern bewohnt werden. Hartnäckig lernen sie, und jedes beschriebene Blatt wird ihnen heilig, von den literarischen Texten bis zu denen des Klassenkampfs. Bald schikanieren auch Michele und sein Freund ihre Genossen auf den Sitzungen ihrer PCI-Sektion mit der erworbenen Sprachmacht, stets bereit, zu belehren: »Ha sbagliato un congiuntivo« [»Er hat einen Konjunktiv falsch gebraucht.«]

Doch was helfen die erworbenen Sprachformeln? Sie werden zum sozialen Ritual: Die Realität kommt abhanden. Die Figuren des Romans haben alle einen komischen aber auch einen surrealen Zug, ebenso wie die Figuren in Morettis Film. Psychologisch sind sie bestimmt vom Gefühl der Unzulänglichkeit und dem Mangel an »Wirklichkeitssinn«. Die Existenz ist für sie ohne »Trama«, ohne Handlung und Form, geblieben, wie der Erzähler, der wie Michele Schullehrer geworden ist, seinem Kind sowie Matilde, der dreijährigen Tochter seines Freundes, und dem halbwüchsigen Ernesto gesteht. Die Kinder experimentieren auf allen Ebenen der Kommunikation, von der Körpersprache bis hin zum sprachlichen Nonsens. Sie sind Stabhochspringer, die keine »aste«, keine Stäbe, brauchen, und kreative Schänder des Heiligtums der Väter.

Ist dann alles ein Mißverständnis, wie etwa der Brief, den die Freunde an Michele schicken und mit dem Namen »Calvino« unterzeichnen, um ihn als Schriftsteller zu bestätigen? Diesen Brief will Michele nach langen Jahren veröffentlichen und setzt damit Erinnerungen und Auseinandersetzungen mit der Vergangenheit in Gang. Doch auch Michele selbst hat, wie man am Ende des Romans erfährt, nie an den Brief geglaubt und die Groteske absichtlich inszeniert. In dem witzigen Finale, in dem die Protagonisten wie in einer Farce die Masken abnehmen und ihre Geschichte vergegenständlicht als Buch durchblättern können, fällt am Ende noch ein nostalgisches Wort: Wenn auch ohne große Konsequenzen haben sie doch alle versucht, das »Mögliche« und das »Notwendige« zu tun, »per avere una vita diversa«, »um ein anderes Leben zu leben«.

Paola Albarella

Curzio Malaparte, *Technik des Staatsstreichs*. Essay. Aus dem Italienischen von Hellmut Ludwig. Critica Diabolis 15; Edition Tiamat, herausgegeben von Klaus Bittermann, Berlin 1988

Ein Buch über die Technik des Staatsstreichs, das die überkommenen europäischen Herrschaftsformen erhalten will, sei schon deswegen lebenswert, weil es das brisanteste politische Problem der Zeit behandle, kommentierte 1932 die sozialdemokratische Zeitschrift *Die Gesellschaft* den soeben in deutscher Übersetzung erschienenen Essay *Der Staatsstreich*. Wer sich damals im krisengeschüttelten Europa zu Wort meldete, um ein Rezept zu liefern, wie die bürgerlichen Regierungen vor Angriffen von rechts und links zu schützen seien, konnte mit internationalem Interesse rechnen. Zumal, wenn es sich bei dem Therapeuten um einen umstrittenen, philofaschistischen Autor handelte wie den Deutsch-Italiener Kurt Erich Suckert, besser bekannt unter dem Namen Curzio Malaparte. In *Technique du coup d'Etat*, [*Technik des Staatsstreichs*], so der Titel der französischen Originalausgabe von 1931, will Malaparte anhand einer Reihe von Fallstudien aus der neuesten Geschichte zeigen, »wie man sich eines modernen Staates bemächtigt und wie er verteidigt wird«; die politische Geschichte seit Ende des

Ersten Weltkriegs, schreibt er, sei weder die Geschichte der Folgen des Versailler Vertrags noch die Geschichte der wirtschaftlichen Auswirkungen des Krieges, noch die Geschichte der Bemühungen um Sicherung des Friedens in Europa. Im Brennpunkt stehe vielmehr der Kampf der Verteidiger von Freiheit, Demokratie und parlamentarischem Staat mit ihren Gegnern.

Will man die Zeitgeschichte verstehen (»capire«), um für die Zukunft daraus zu lernen (»prevedere«), so muß man die Analyse dieses historischen Kampfes auf die Betrachtung des politischen Prinzips von Angriff und Abwehr reduzieren; es ist Malaparte zufolge notwendig, den Kampf als »arte« zu begreifen, als Technik von Machtergreifung und Machtsicherung, die nach bestimmten Regeln, gleichsam mechanisch, »funktioniert«. Machiavelli zeigt Erfolg und Mißerfolg dieser Technik an den »esempli« Francesco Sforzas, Cesare Borgias und anderer Renaissance-Condottieri – Malaparte demonstriert sie an den Methoden der »Putschisten« des 20. Jahrhunderts: Lenin, Trotzki, Kapp, Primo de Rivera, Pilsudski, Mussolini, Hitler.

Man mag bezweifeln, ob Malapartes Hypostasierung des Politischen der Komplexität der historischen Zusammenhänge gerecht wird. Ebenso kann man darüber streiten, ob es legitim ist, alle diese Versuche, die Diktatur zu errichten, in das Schema »Staatsstreich« zu pressen. Ist nicht der Putsch eines Primo de Rivera von prinzipiell anderer Qualität als der von einer Massenpartei getragene Aufstieg Adolf Hitlers? Diese Einwände stellen allerdings Malapartes Konzept nicht in Frage, daß nämlich der gemeinsame Nenner all jener Versuche der Machtergreifung ihre antiparlamentarische Stoßrichtung ist. Und die Geschichte lehrt nach Meinung des Autors, daß das parlamentarische System nur dann erfolgreich verteidigt werden kann, wenn seine Vertreter im Notfall zu denselben illegalen Mitteln zu greifen bereit sind wie seine Feinde. Beispiehaft ist für Malaparte die Reaktion der Reichsregierung auf den rechtsradikalen Umsturzversuch 1920: der Kapp-Lüttwitz-Putsch scheiterte, weil Reichskanzler Bauer es wagte, den Generalstreik auszurufen; nur dieser im Geist des Marxismus erzogene Politiker sei in der Lage gewesen, zu begreifen, daß die entscheidende Waffe im Kampf gegen den Putschversuch Kapps die Auflösung der Ordnung gewesen sei. Weder ein vom Prinzip der Autorität durchdrungener Konservativer, noch ein die Legalität achtender Liberaler, noch ein der parlamentarischen Auffassung des politischen Kampfes verbundener Demokrat hätte es riskiert, zum illegalen Eingreifen der proletarischen Massen aufzurufen und die Verteidigung des Staates einem Generalstreik anzuvertrauen.

Der Reiz und zugleich die Schwäche von Malapartes Buch liegen in der Tatsache, daß er mit Hypothesen operieren kann: Was wäre gewesen, wenn die »Revolutionäre« in einer bestimmten Situation eine andere Taktik angewandt hätten? Hätte Giolitti den Faschismus nicht abwehren können, wenn er nicht auf die alte liberale Strategie gesetzt hätte, revolutionäre Kräfte für illegal zu erklären, sofern sie sich nicht parlamentarisieren ließen?

Wer im Besitz der Theorie vom »richtigen« politischen Handeln ist, kann ex post mühelos den Handelnden ihre Fehler nachweisen.

Die Stärke des Essays liegt in den meisterhaften Skizzen der Protagonisten jener Epoche, in der ungemein spannenden Darstellung historischer Momente, deren Dramatik durch Malapartes lakonischen Ton noch gesteigert wird. In apodiktischen, provozierenden Wendungen urteilt er über seine Zeitgenossen, deren politische Manöver er, selbst scheinbar dem Kampfgeschehen enthoben, seziert. Ein Höhepunkt ist sicher die Abrechnung mit Hitler, die Beschreibung seiner Parteiführung, seiner Legalitätsstrategie und des Profits, den die Nationalsozialisten aus der weit verbreiteten Kommunistenphobie ziehen konnten.

Es ist der Edition Tiamat zu danken, daß sie dem deutschen Leser diesen ebenso scharfsinnigen wie kontrovers zu diskutierenden Text wieder zugänglich gemacht hat. Bedauerlich ist nur, daß man sich dabei offenbar darauf beschränkte, eine ältere Übersetzung von Hellmut Ludwig aus dem Jahr 1968 unverändert nochmal abzudrucken, obwohl sie erhebliche Mängel aufweist. So wurde zum Beispiel ohne Angabe von Gründen das Vorwort, das Malaparte der italienischen Erstausgabe von 1948 voranstellte, stark gekürzt (und nicht »im Anhang beigegeben«, wie es in der Schlußbemerkung des Übersetzers heißt). Dabei ist dieses Vorwort höchst aufschlußreich: Malaparte schildert darin nämlich die europaweite Rezeption seiner Essays einschließlich der gegen ihn gerichteten Maßnahmen des faschistischen Regimes; zugleich versucht er, sich zu rechtfertigen und von dem Vorwurf zu befreien, sein Werk sei moralisch indifferent, sofern es nicht sogar – á la Machiavelli – von zynischer Sympathie für jene Männer zeuge, die sich mit Gewalt die Macht zu sichern wissen.

Man mag der späten Selbsteinschätzung kritisch gegenüberstehen und bezweifeln, ob *Tecnica del colpo di stato* wirklich das eindeutig demokratische Manifest ist, zu dem der Autor es im nachhinein machen möchte; in jedem Fall aber sollte man dem Leser das Urteil überlassen und nicht schon vorher Zensur üben. Andere unverständliche Kürzungen kommen hinzu; warum wurde das Motto unterschlagen, das Malaparte der italienischen Ausgabe voranstellt und das ebenfalls ein wichtiges Detail jenes Bildes ist, das der Autor von sich selbst hat: »che a difendere la libertà ci si rimette sempre«, [»wer die Freiheit verteidigt, zahlt immer drauf«]? Warum bleibt unübersetzt, daß Malaparte sich mehrfach auf den »uomo libero«, im Künstler wie im Leser, beruft? Wieso verzichtet der Übersetzer auf manche emphatische Nuance des Originals? Der dramatische Auftakt »Io odio questo libro. Lo odio con tutto il cuore« ist mit »Ich hasse dieses Buch« zu schwach wiedergegeben. Die spanische »rivoluzione franchista« ist auch nicht »der faschistische Umsturz«, noch ist »la recente defenestrazione di Praga«, »der Fenstersturz von Prag«, womit man gemeinhin den von 1618 meint, sondern eben jener, der damals gerade stattgefunden hatte: der mysteriöse Tod Jan Masaryks im März 1948 in Prag nach dem kommunistischen Staatsstreich. Hier wie an vielen anderen Stellen des Werkes, hätte man den Nicht-Historikern unter den Lesern das Verständnis des Buches durch erklärende Anmerkungen erleichtern können. Dennoch, abgesehen von solchen Ungenauigkeiten, die weniger gravierend sind als die Auslassungen, ist Hellmut Ludwig dem Routinier in Sachen Malaparte, eine flüssig lesbare Übersetzung eines Werks gelungen, das als Zeugnis des epochalen Kampfes zwischen Demokratie und politischem Extremismus nicht an Aktualität eingebüßt hat.

Christiane Liermann

Literaturgeschichtsschreibung in Italien und Deutschland. Traditionen und aktuelle Probleme, herausgegeben von Frank Baasner, Niemeyer, Tübingen 1989, (Reihe der Villa Vigoni. Bd. 2)

Im Mai 1988 trafen sich in der Villa Vigoni am Comer See deutschsprachige und italienische Literaturwissenschaftler. Die dort gehaltenen Vorträge sind nun im Niemeyer Verlag erschienen. Die gut lesbare Übersetzung der italienischen Referate besorgte Ursula Wagner-Kuon. Will man Frank Baasner, dem Herausgeber der dreizehn Beiträge, Glauben schenken, dann erfreut sich die Literaturgeschichte »allen methodologischen Unkenrufen zum Trotz, ja geradezu in absichtlichem Widerspruch zu ihrer theoretischen »Unmöglichkeit« einer neuen Blüte. Diese Feststellung ist vielleicht dahingehend zu präzisieren, daß die Literaturgeschichtsschreibung in Italien seit Francesco De Sanctis trotz Benedetto Croce nie ernstlich in Frage gestellt worden ist. Bei uns brachte hingegen die Theoriediskussion der sechziger Jahre jeden Versuch einer Darstellung nationaler Literaturgeschichte so sehr in Mißkredit, daß sich kaum noch jemand daran wagen konnte. Vor lauter Jeremiaden über das beklagte Theoriedefizit wurde kaum noch wahrgenommen, daß das Praxisdefizit ein nicht weniger skandalöses Ausmaß angenommen hatte. Meist vergeblich suchte der Italianistik-Student, ohne Vorkenntnisse zur italienischen Literatur aus der Schule entlassen, orientierende Leitfäden zu seiner Disziplin. Er fand sich zwar ganzen Müllhalden von Kongreßakten gegenüber, mußte aber besonderes Glück haben, um dabei auf eine Anthologie italienischer Literatur oder eine Überblicksdarstellung zu stoßen.

Ein historischer Abriß über *Deutsche Geschichte der italienischen Literatur* von Frank Baasner steht am Anfang des Bandes. Demnach hat Rudolf Palgen 1949 als letzter eine *Geschichte der italienischen Literatur* versucht, und es ist bezeichnend, daß es der Italiener Giovanni Carsaniga war, der 1970 eine ausführliche *Geschichte der italienischen Literatur* veröffentlichte, während der deutsche Literaturwissenschaftler Heinz Willy Wittschier lediglich eine vor allem auf bibliographische Informationen ausgerichtete Einführung skizzierte.

Für Darstellungen der italienischen Literatur besteht in Italien nach wie vor eine große Nachfrage. Noch heute kann dort niemand das Abitur bestehen, der nicht eine Überblicksinformation zur italienischen Literatur erhalten und sich mit ausgewählten Texten aus der Literatur seit dem Mittelalter beschäftigt hat. Es ist leicht, darüber zu lächeln, solange man es vorzieht, daß jemand überhaupt nichts weiß, wenn sein Wissen nicht höchstens literaturtheoretischen Ansprüchen genügen kann. Es gibt in den deutschsprachigen Ländern keinen vergleichbaren Markt für Literaturgeschichten (dies gilt nicht nur für fremdsprachige Philologien, sondern auch für die Germanistik), während in Italien eine Reihe von Verlagen konkurrierend im Geschäft stehen, die kommentierte Textsammlungen mit mehreren tausend Seiten auf den Markt bringen, deren Umfang bei uns oft Erstaunen auslöst. Einer der Teilnehmer an der Tagung in der Villa Vigoni, Remo Ceserani, hat mit Lidia De Federicis zwischen 1979 und 1989 bei dem Turiner Verleger Loescher unter dem Titel *Il materiale e l'immaginario* ein derartiges Opus magnum (es umfaßt zehn Bände) verfaßt. Es handelt sich um eine kommentierte Anthologie von Texten und gleichzeitig um eine Darstellung der gegenwärtigen literaturtheoretischen Modelle, mit deren Hauptthesen der Benutzer vertraut gemacht wird, wobei sich die Verfasser keineswegs auf Italien beschränken, sondern sich auch internationalen Entwicklungen zuwenden.

Wilhelm Voßkamp rekapituliert in seinem Beitrag über *Theorie und Probleme gegenwärtiger Literaturgeschichtsschreibung* konzis und exakt die Hauptpunkte der Diskussion seit 1967, dem Jahr der folgenreichen Konstanzer Universitätsrede von Hans Robert Jauss. In seinen Ausführungen über die damals begonnene Flut rezeptionsästhetischer Forschungsansätze weist er mit Recht darauf hin, daß sich die Fragen gegenüber den sechziger Jahren inzwischen sogar noch zugespitzt haben.

Benedetto Croce glaubte noch, die Diskussion über die literarischen Gattungen ein für allemal entschieden zu haben. Inzwischen werden seine rigiden Thesen kaum noch zur Kenntnis genommen. Ein deutsch-italienischer Gegensatz, wie er etwa noch in den polemischen Auseinandersetzungen Croces mit Oscar Walzel oder Mario Fubinis mit Wolfgang Kayser klar formuliert wurde, ist inzwischen nicht mehr erkennbar. Zwischen den literaturwissenschaftlichen Positionen in Deutschland und Italien verläuft keine Trennungslinie mehr. Kontroversen werden nicht mehr über die sprachlichen Grenzen hinweg ausgetragen, nicht zuletzt, weil bei uns die Rezeption italienischer Literaturwissenschaft viel zu dürftig ausfällt, wodurch keine konkrete Diskussionsgrundlage mehr vorhanden ist. Wo es sich bei der Tagung in der Villa Vigoni nicht um von deutschsprachigen Romanisten vorgetragene historische Rückblicke auf De Sanctis und Croce handelte, sondern um die von Jürgen Fohrmann, Wilhelm Voßkamp und Ulrich Wyss versuchten Synthesen zu Theorien und Problemen gegenwärtiger Literaturgeschichtsschreibung, war eine Auseinandersetzung mit methodologischen Diskussionen in Italien gar nicht mehr erkennbar. Die Literaturgeschichtsschreibung in Italien wurde in diesen Beiträgen nicht einmal in Ansätzen zur Kenntnis genommen, so daß die Tagung ebensogut am Pazifik wie am Comer See hätte veranstaltet werden können. Dieser Einwand richtet sich nicht gegen die Ausführungen der Redner, deren Namen und Publikationen für das Niveau ihrer Überlegungen bürgen, sondern möchte lediglich die Frage aufwerfen, ob nicht grundsätzlich stärker darauf zu achten wäre, den Charakter der deutsch-italienischen Begegnung zu verdeutlichen. Soll diese nicht nur ein frommes Postulat bleiben, müssen derartige Defizite erkannt und problematisiert werden.

Wie schwierig solche Gesprächsrunden dann werden können, ist anhand des Beitrags von Gianni Grana abzulesen. Remo Ceserani bekam von Grana zu hören, seine mit Lidia De Federicis zusammengestellte Materialsammlung müsse sich den Vorwurf der Willkür gefallen lassen, »auch wenn sie sich auf eine durch Auerbach und andere ausgezeichnete Tradition berufen kann. Es handelt sich [...] um ein Fleißprodukt, ein makro-kontextuelles Gerüst für eine zukünftige Geschichte, das den allgemeinen Forschungsstand in den ›Geisteswissenschaften‹ zusammenfaßt, aber auf durchaus diskutierbaren theoretischen Grundlagen errichtet ist, auf literaturkritischen und -geschichtlichen Hypothesen, die auf sattsam bekannten sozialhistorischen Theoremen fußen, auf technischen und strukturellen Schemata, denen die konkrete geschichtliche Besonderheit literarischen Schaffens und literarischer Werke völlig abgeht« (S. 73).

Es kann nicht darum gehen, Granas polemische Ausfälle nach ihrer Stichhaltigkeit und Konsistenz zu befragen. Aber soviel ist sicher: Die Literaturgeschichtsschreibung Italiens ist trotz aller Querelen zwischen Forscherpersönlichkeiten und Forschungsrichtungen näher an der Wirklichkeit von Schule und Universität als bei uns. Dies zeigt die enorme Zahl von Besprechungen in der Tages- und Wochenpresse, die im Zusammenhang mit den Veröffentlichungen von Ceserani / De Federicis und den Diskussionsrunden ihrer Verfasser mit Lehrern und Schülern, Studenten und Dozenten erschienen. Theoretische Auseinandersetzungen spielen sich in Italien vor dem Hintergrund umfangreicher Publikationen ab, die den Belangen von Schule und Universität Rechnung tragen. Dadurch wird die theoretische Ausdünnung der Literaturgeschichtsschreibung vermieden und sichergestellt, daß der Kanon repräsentativer National- bzw. Weltliteratur gegenwärtig bleibt. Die bedeutendsten italienischen Philologen von De Sanctis bis hin zu Gianfranco Contini, Alberto Asor Rosa und Giovanni Macchia haben es stets als Krönung ihres Lebenswerks betrachtet, im Alleingang oder als richtungsweisende Koordinatoren die Geschichte ihrer eigenen Nationalliteratur oder die ihrer spezifischen Fachdisziplin zu schreiben. Der Ibero-Romanist Franco Meregalli bemerkt dagegen in seinem Beitrag *Über die literarhistorische Epocheneinteilung* ganz ungeniert, zunächst einmal sei der Anstoß für sein Unterfangen, eine allgemeine Literaturgeschichte herauszugeben, ein praktischer, verlegerischer Antrieb gewesen.

Peter Kuon hat in der *Romanistischen Zeitschrift für Literaturgeschichte* (1988) über die Tagung in der Villa Vigoni berichtet und die Schilderung der dortigen Situation mit einer erheiternden Anekdote abgeschlossen: Giuseppe Petronio gab den deutschen Kollegen folgenden Rat mit auf den Heimweg: »Smettete di pensare, cominciate a scrivere!« [»Hört auf nachzudenken, beginnt zu schreiben«]. Er dürfte es kaum ganz wörtlich gemeint haben, sondern eher als die nicht überflüssige Mahnung, auch bei uns den praktischen Umgang mit Texten mit der theoretischen Reflexion darüber wieder ins Lot zu bringen.

Johannes Hösle

Tommaso Landolfi, *Der Mondstein [La pietra lunare]*. Aus dem Italienischen von Barbara Villiger Heilig. Beck & Glückler, Freiburg 1989
Barbara Villiger Heilig, *Leidenschaft des Spiels. Untersuchung zum Werk Tommaso Landolfis*, Stauffenburg, Tübingen 1989

Der Mondstein ist die Geschichte einer Begegnung zwischen dem jungen Studenten Giovancarlo und dem Mädchen Gurù, das sich bei Vollmond in eine »capra mannara«, eine »Wergeiß«, verwandelt. Es ist vor allem die Geschichte einer Offenbarung, die Geschichte der Initiation Giovancarlos in die nächtliche Welt der Mysterien.

Der kurze Roman, 1939 bei Vallecchi erschienen, steht am Anfang der Karriere Tommaso Landolfis (1908–1979). Im Zuge der Entdeckung Landolfis in Deutschland, die auf seine Wiederentdeckung in Italien folgte, wurde er erst letztes Jahr ins Deutsche übersetzt. Es wäre sicher zu einfach, Tommaso Landolfi als surrealistischen Autor zu bezeichnen oder ihn kurzerhand dem »realismo magico« zuzuordnen, was oft getan wird. Auch wenn er sich in seiner Sprache stark auf die literarische Tradition bezieht, ist es nicht möglich, sein Werk in einer der Hauptströmungen der italienischen Literatur zu situieren.

Der Protagonist von *Der Mondstein* ist anderen landolfischen »Helden« verwandt: Giovancarlo ist ein Student mit literarischen Ambitionen. Im Dorf seiner Ahnen, wo er seinen Urlaub verbringt, lebt er – zwischen Langeweile und Träumerei – allein in dem alten Haus. Den naiven und ungebildeten Dorfbewohnern gegenüber verhält er sich mitleidig und überheblich. Sein Abenteuer beginnt an dem Abend, an dem er erstmals von dem magnetischen Blick Gurùs angezogen wird und dem Mädchen mit den Bocksfüßen in die Berge folgt. Bei Vollmond begegnet Giovancarlo den

»Veranien«, Wesen, die dem Mädchen Gurù ähneln, sowie den Geistern der schon lange verstorbenen Banditen der Berge, die ein heidnisches Fest feiern. Landolfi läßt die Gerüche und Geräusche des Waldes lebendig werden, indem er eine poetische Sprache verwendet, die gleichzeitig präzise ist und jeden Baum und jeden Vogel beim Namen nennt. Die Ereignisse, deren Zeuge Giovancarlo wird, erreichen ihren Höhepunkt im Morgengrauen, als die »Mütter« erscheinen und er sich ihrem unwiderstehlichen Blick ergibt. In diesem Moment erlebt er die Abgründe des Leidens und der Freude und empfindet sich selbst als Teil der Natur.

Die Handlung des Buches bewegt sich zwischen der verzauberten Nachtwelt der Berge und der Tagwelt der Dorfbewohner mit ihrem belanglosen Geschwätz. Zwar markiert Landolfi auf der stilistischen Ebene gezielt diesen Gegensatz, indem er eine die Einfachheit des bäuerlichen Ausdrucks fast parodierende Sprache – nicht zufällig ist der Untertitel in der Originalausgabe: *Scene della vita di provincia*, [*Szenen des Lebens in der Provinz*] – mit einem ausgesprochen lyrischen Sprachstil kontrastiert. Doch dadurch kann er nicht verhindern, daß die Spannung streckenweise nachläßt, etwa wenn er bei der etwas langatmigen Wiedergabe unbedeutender Gespräche verweilt, wobei sich eine Tendenz zum Skizzenhaften bemerkbar macht.

Barbara Villiger Heilig hat die schwierige Aufgabe übernommen, *La pietra lunare* ins Deutsche zu übertragen, was ihr durchaus geglückt ist, auch wenn die erlesene, manchmal ans Preziöse grenzende Sprache Landolfis nicht immer erhalten bleiben kann. Die vielen seltenen Worte mit archaischem Klang, die selbst ein italienischer Leser nachschlagen muß, können unmöglich ohne Verlust wiedergegeben werden.

Barabara Villiger Heilig verdanken wir ebenfalls die erste wichtige deutsche Veröffentlichung zu Landolfis Werks. In *Leidenschaft des Spiels* untersucht sie am Beispiel vor allem einiger früher Erzählungen (*Maria Giuseppa* und *Mani*), sowie an *Pietra lunare* und an *La bière du pêcheur*, [*Das Bier des Fischers*] (Rizzoli, Mailand 1989), die Motive von Landolfis Erzählkunst.

Aufschlußreich sind die Passagen der Studie, in denen die Dynamik der Anziehung und Abstoßung als Motor des Schreibens Landolfis analysiert wird. Das Gefühl der gleichzeitigen Anziehung und Abstoßung ist typisch für den Ich-Erzähler in Landolfis Werken und taucht sowohl in der Rolle des Täters (wie in *Maria Giuseppa*, wo der Protagonist die alte Magd vergewaltigt) als auch in der des Zeugen einer grauenvollen Tat (wie in *Mani*, wo die

Tötung einer Maus durch einen Hund detailliert beschrieben wird) auf. Auch Giovancarlo wird im *Mondstein* in die Rolle des *Voyeurs* versetzt: Voller Abscheu und zugleich fasziniert wohnt er dem Ringen Gurùs mit einer Ziege bei, das schließlich in der Metamorphose der beiden in Wesen, die halb Tier, halb Mensch sind, endet. Barbara Villiger Heilig zeigt, wie Landolfi dieses Oszillieren zwischen Anziehung und Ablehnung nicht nur auf der Ebene der »histoire«, sondern auch auf der des »discours« einsetzt. Immer wieder fesselt er den Leser, erweckt starke Emotionen in ihm, um ihn kurz darauf sozusagen fallen zu lassen, indem er durch eine (selbst)ironische Bemerkung oder eine Abschweifung die Spannung abbaut. Der Schriftsteller kann nicht lang an die von ihm erzeugten Fiktionen glauben: »Ammirevoli personaggi, quei tali che tiran su un romanzo in quattro volumi, giungendo fino a riscriverlo sette volte; non pure per la loro forza taurina e resistenza al caldo della febbre, ma perché, arrivati a metà, credono ancora a quello che stanno facendo...« [»Bewundernswert, wer einen vierbändigen Roman konstruiert und ihn dabei auch noch siebenmal umschreibt; nicht nur wegen der Kraft eines Stiers und der Widerstandskraft gegen das Fieber die dazu nötig sind, sondern weil man nach der Hälfte noch an das glauben muß, was man tut«], schrieb er in *La bière du pêcheur*.

Ohne die psychoanalytische Interpretation des Werks Landolfis zu ignorieren, die für viele Kritiker lange als einzig gültige angesehen wurde, bevorzugt Barbara Villiger Heilig eine Lektüre, die die metaliterarische Ebene hervorhebt. Die Geschichte, die Landolfi in *Der Mondstein* erzählt, sei eine metaphorische. Auseinandersetzung mit dem Prozeß des Schreibens, meint die Autorin. Sie belegt diese These, indem sie eine ganze Reihe von Episoden des Romans konsequent in diesem Sinne interpretiert. Die Auffassung Barbara Villiger Heiligs bleibt trotz der Tatsache überzeugend, daß einige ihrer Deutungen ziemlich forciert erscheinen. So interpretiert sie die Szene, in der Gurù beim Nähen beschrieben wird – »una fanciulla che cuce [...] è sempre un poco una mostruosità«, [»Ein Mädchen, das näht (...) hat immer etwas Monströses«] (*La pietra lunare*, Vallecchi, Firenze 1939, S. 59) – Als Metapher des Lesevorgangs: Gurù (der Leser) versuche den Stoff (den Text) zu durchdringen.

Das Geheimnis, das sich Giovancarlo angesichts der Goethe evozierenden »Mütter« enthüllt, sei, so Barbara Villiger Heilig – das Geheimnis der Poesie, die – wie das lange Zitat aus Leopardis *Zibaldone* am Ende des Romans bestätigt – nicht über den am Anfang von Giovancarlo vertretenen Weg der Rationalität zu erreichen sei, sondern allein durch eine wiedergefundene »puerizia« [Kindheit]: Der Dichter muß die Unschuld des Kindes wiederfinden. Das klingt für einen hochliterarischen Autor wie Landolfi zumindest utopisch. Sein Dilemma ist der Konflikt zwischen Kunst und Leben, zwischen intellektuellem, literarischem Anspruch und unmittelbarem Erleben. Die in Landolfis Erzählungen oft minuziös beschriebene Grausamkeiten werden von Barbara Villiger Heilig ebenso wie das dadurch erregte Mitgefühl, als Versuche eines an Derealisierung leidenden Schriftstellers interpretiert, einen Kontakt zur Realität herzustellen.

Im letzten Teil von *Leidenschaft des Spiels* wird anhand von *La bière du pêcheur* nachgewiesen, wie seit den fünfziger Jahren das Thema des Schreibens im Werk Landolfis explizit in den Vordergrund tritt. Die Schwierigkeit, die Form der dritten Person anzuwenden – daher die bevorzugte Form des Tagebuches oder Pseudotagebuches–, die Aversion gegen abgerundete literarische Texte, die Vorliebe für das »Virtuelle«, das Unvollendete, diese sind Themen, die den Schriftsteller Landolfi beschäftigten, und die hier ausführlich diskutiert werden. So erweist sich *Leidenschaft des Spiels* als anregende und nützliche Einführung in das Werk von Tommaso Landolfi, die seiner Reichhaltigkeit umfassend Rechnung trägt.

Giulia Angelini

Mario Bottaro, *Genova 1892 e le celebrazioni colombiane*, Francesco Pirella, Genova 1984
Columbeis, Genova, Istituto di Filologia Classica e Medievale, Bände I (1986), II (1987), III (1988)

Entdeckung oder Begegnung? Löbliche Europäisierung oder (nach Tzvetan Todorov) »Zivilisation des Massakers«? Je näher das Jahr 1992 heranrückt, desto nachdenklicher werden – hüben wie drüben – nicht nur die offiziösen Rampenlicht-Nachdenker. Weniger zögerlich sind Regierungen und Industrien, die im »Quinto Centenario«, am fünfhundertsten Jahrestag der Entdeckung Amerikas durch Christopher Kolumbus, das große Geschäft wittern.

Zentrum der Vorbereitungen ist in Italien zwangsläufig Genua. Das war schon 1892 so. Die scharfsichtige, temperamentvoll geschriebene und gut illustrierte Monographie von Mario Bottaro erinnert an die trotz prekärer wirtschaftlicher Lage vielfältigen »celebrazioni«, die damals geboten wurden: Flottenparade, Königsbesuch, historischer Festzug,

Sportveranstaltungen, Opernpremiere (*Cristoforo Colombo* von Alberto Franchetti, dem späteren Faschisten; am Pult der blutjunge, später emigrierte Arturo Toscanini) und vor allem die große Esposizione Italo-Americana. Auf dem Gelände der Esposizione konnte man im »Uovo di Colombo«, einem mehrstöckigen Restaurant in Ei-Form tafeln – jedenfalls bis zum 8. Januar 1893, als es samt Hunderten noch ungeleerter Weinflaschen einem breitflächigen Brand, einem »incendio doloso« (S. 38) zum Opfer fiel.

Zur Vorbereitung der Festivitäten von 1992 machte der Staat für einen schon vor Jahren gegründeten »Ente Colombo« über dreihundert Milliarden Lire lokker (*La Repubblica* am 27. 1. 1990: »non bastano, ma le idee ci sono«, *[Das reicht zwar nicht, aber Ideen gibt es genug]*). Geplant sind u. a. eine »Expo internazionale« unter dem Leitgedanken *Cristoforo Colombo. La nave e il mare*, vor allem aber vieldiskutierte urbanistische Umwandlungen und Akzentsetzungen, und zwar – mitten im alten Hafen – ein Turm, der der höchste Europas werden soll. Städtisches Wahrzeichen muß bis dahin (wie seit viereinhalb Jahrhunderten) die »nur« siebzig Meter hohe »Lanterna« bleiben. In Form eines Gemäldes von Carl Rottmann aus dem Jahr 1826 ziert sie den Umschlag von *Columbeis*.

Columbeis ist eine Publikationsreihe der Universität Genua. Bis 1992 sollen acht Bände erscheinen, drei liegen bereits vor. Beiträger sind, unter der Federführung von Stefano Pittaluga, kolumbuskundige Historiker und Philologen vieler Länder. Die Einzeluntersuchungen gelten nicht nur epochen- und personenimmanenten Aspekten wie etwa der Sprache des *Bordbuches* oder den Sprachen des Entdeckers (*Columbeis* II). Vielmehr liegt die Attraktivität des philologischen Kollektivunternehmens in der bewußten Einbeziehung der Rezeption, der historiographischen und literarischen Aufarbeitung und zwangsläufig auch der Mythisierung der Kolumbus-Tat. Aufarbeitung im Sinne von Verquickung mit weltanschaulichen, politischen Fragestellungen der jeweiligen Autoren-Gegenwart. Interessanter als die soundsovielte Analyse von Entdeckungs-Panegyrika im 16. bis 18. und auch noch 19. Jahrhundert sind daher die Aufsätze über die Stücke von Michel de Ghelderode, 1929 (von V. Amoroso in Bd. I), von Paul Claudel, 1928/30 (J. Labriolle in Bd. II) und über die Rundfunksendung, die kein Geringerer als Orson Welles am Columbus Day im Oktober 1942 ausstrahlte, als Appell an eine gesamtamerikanische Solidarität im Kampf gegen zivilisationsbedrohende Barbaren... (Marco Salotti in Bd. I).

Daher unsere Hoffnung, daß die noch ausstehenden Bände auch und besonders die Columbus-Texte der letzten zehn, fünfzehn Jahre berücksichtigt werden. Sie sind ohnehin auffallend spärlich, kein einziger stammt unseres Wissens aus italienischer Feder. Allesamt legen sie jedoch – ob nun in Mexiko geschrieben oder in England, ob in der Karibik, in Argentinien oder in Spanien – Zeugnis ab von einer Europaskepsis oder sogar -verdrossenheit, deren Reflektierung am Vorabend der Europa-Einigung effizienter sein könnte als der Bau babylonischer Hafentürme.

Titus Heydenreich

Clara Sereni, *Manicomio primavera*, Giunti, Florenz 1989

Es ist das Thema, das einen zögern läßt, von Clara Serenis Buch zu schwärmen: In den kurzen Texten geht es fast immer um ein geistig behindertes Kind. Doch will man dieses Thema in einem literarischen Rahmen behandeln, dann so, wie es hier gemacht wird.

Wie mit flüchtigen Pinselstrichen, fast skizzenartig, doch mit großer Sicherheit der Linienführung, werden die Personen festgehalten. Nichts, was überflüssig ist. Jedes Detail hat eine Funktion: Die Falten um den Mund einer Frau bedeuten die Anstrengung, die sie durchzumachen hat, sich aber nicht gern anmerken läßt. Ein sorgfältiges Make-up möchte solche Anstrengungen ungeschehen machen, zumindest für einen Nachmittag, an dem alles so sein soll wie bei einer Mutter mit einem normalen Kind, oder für die Dauer eines Abends mit dem Ehemann im Restaurant bei Kerzenlicht und einer Romantik, die durch die Realität eines besonderen Elterndaseins eigentlich zerstört worden ist. – Nie gleitet der Stil ins Rührselige ab. Nichts Heroisches, keine Aufopferung ist aus den Texten herauszuhören. Sie beschreiben sachlich eine Realität, die »anders« ist als die vieler und deshalb – dies wird nie ausgesprochen, in keiner Weise angeklagt, sondern ist ganz einfach eine Tatsache – schwer zu leben ist, daß man dabei verzagt.

Wer kennt nicht die Angst davor, ein Kind zu haben, das anders ist als die andern? Clara Serenis Protagonistinnen sind mit der Scham konfrontiert, die einen überfallen muß, wenn man sich einzugestehen hat oder sich dabei ertappt, daß man lieber ein anderes Kind hätte, daß man sein Kind nicht gern haben kann, wie das von einer Mutter erwartet wird, daß man zuweilen möchte, man hätte es nie bekommen.

Dabei werden keine sozialpolitischen Plädoyers gehalten, keine Anklagen gegen unsere Gesellschaft gerichtet, keine Aufforderungen ausgesprochen, wie man sich in solchen Fällen zu verhalten hat. Dem Leser wird kein schlechtes Gewissen eingeimpft und kein Mitleid abgenötigt, wo einzig Respekt angebracht ist. Es wird ihm lediglich klar, daß er mit zu denen gehört, die aufatmen beim Gedanken, sich nur im Moment, während der Lektüre, mit dem kranken Kind befassen zu müssen, daß es für ihn also keine Wirklichkeit ist. Das Buch hat etwas von einem bösen Traum: Das bedrückende Gefühl, das einen beim Lesen überfällt, verfliegt wieder – aber nicht, ohne Spuren zu hinterlassen.

Gerade das Fehlen von Urteilen, die Tatsache, daß keine Vorwürfe gemacht und keine Rügen erteilt werden, macht die Stärke des Buches aus, macht es überhaupt lesbar. Ein behindertes Kind zu haben, ist in erster Linie traurig, und diese Trauer muß zugelassen werden. Sie wird in all den beschriebenen Beispielen nachvollziehbar. So ist es Melancholie, die die Texte durchzieht, die Schatten auf den lichten Frühlingstag wirft, an dem das erste Eis gegessen wird. Daß das Eis auf dem eleganten Tailleur der Mutter klebrige Flecken hinterläßt, gehört zu der melancholischen Stimmung, zeigt aber zugleich, daß eine liebevolle Beziehung auch zu einem behinderten Kind entsteht. Wem würde angesichts der Freude, des Vergnügens, das das Kind an dem Eis hat, nicht das Herz aufgehen, wer würde nicht die Flecken auf der Seide vergessen oder sie als Zeichen dieser geteilten Freude empfinden? Die Liebe zu diesem Kind hat neben der Trauer Platz, darf diese nicht überdecken: sonst kann sie nicht echt sein, sonst spürt man, daß etwas nicht stimmt, daß ein moralischer Imperativ die Bewegungen des Herzens unterdrückt.

Beispielhaft, als Extremfall sozusagen, kann so das außerordentlich heikle Thema der Sexualität bei Behinderten ohne jeden peinlichen Beigeschmack Anlaß zu einer Geschichte sein. Bewundernswert ist auch hier die verhaltene, sparsame Schreibweise, die alles zum Verständnis der Situation Nötige vergegenwärtigt, aber nicht mehr.

Der Gefühlsbereich der Kinder, die in einer Welt für sich leben, wird regelmäßig ausgespart. Das ist es, was ihnen trotz ihres befremdenden Äußeren eine Würde gibt. Die Peinlichkeit, die uns in ihrer Gegenwart befällt, hat mit uns zu tun, nicht mit ihnen – wer weiß schon, ob sie sich ihres Andersseins bewußt sind, ob sie darunter leiden, wie wir das so selbstverständlich annehmen, wenn wir sie großzügig mit Gefühlen ausstatten, die sie uns nie mitgeteilt haben. Das ist denn auch die einzige »Lehre«, die uns das Buch erteilt: Darüber, was den Mitmenschen bewegt, können wir letztlich nicht Bescheid wissen, denn »anders«, als wir ihn uns vorstellen, ist er immer, und immer gebührt ihm zuallererst Respekt. Der Unterschied zwischen dem, der einen einzigen Satz mechanisch wiederholt und damit den Willen, sich auszudrücken, zwar offensichtlich macht, das Verständnis dafür, was er ausdrücken will, aber nicht herstellen kann, und dem, der »normale« Sätze spricht, sich scheinbar verständlich äußert, ist kein absoluter: Oft führt die Sprache des Bewußtseins in die Irre.

Manicomio primavera schildert die Dinge, zeigt Tatsachen, rückt bestimmte Bewegungen ins Licht, entdeckt die sekundenschnelle Veränderung in der Mimik eines Gesichts und läßt so die Welt der Phänomene, der sichtbaren Erscheinungen, wichtig werden und verleiht ihnen dabei eine eigene Sprache.

Barbara Villiger Heilig

François Bondy, *Mein Dreiviertel Jahrhundert. Erinnerungen, Begegnungen, Portraits.* Amman, Zürich 1990

Wie überall in akademischen Vorstellungsrunden gehört es auch bei Literaturwissenschaftlern zu den Gepflogenheiten, seinen Lehrer als Referenz oder Vorbild zu nennen. Man habe bei diesem bekannten Professor gehört oder sei von jener großen Kapazität promoviert worden. Wie aber erfolgt die »literarische Sozialisation« für diejenige Mehrheit, die sich ohne professionelle Ausbildung ihren Weg durch den Literaturdschungel bahnen mußte? Neben Hinweisen von Freunden, so kann unterstellt werden, sind es hier besondere Rezensenten der diversen Journale, auf deren Empfehlung hin die Neugierde auf ein Buch oder einen Autor geweckt wurde. Für mich – und vermutlich auch für viele andere – ist François Bondy einer dieser Lehrer extra muros universitatis. Von seiner Person und seiner unermüdlichen journalistischen wie essayistischen Arbeit läßt sich die Rezeption der französischen Moderne im deutschsprachigen Raum kaum trennen. Aber auch, und das interessiert uns hier vornehmlich, für die Erweiterung unseres Wissens von der zeitgenössischen italienischen Literatur hat Bondy sich große Verdienste erworben. In Rezensionen und Vorträgen hat er uns einzelne Schriftsteller nahegebracht, deren Namen, bevor Bondy sie uns nannte, wohl nur den professionellen Italienkennern vertraut waren. Man lese als Beleg den im *Almanach zur italienischen Kultur der Gegenwart* (München 1988) veröffentlichten Beitrag Bondys über italienische Essayisten. Nicola Chiaramonte, Giovanni Papini, Elmiro Zolla, Giovanni Macchia oder Guido

Piovene wären ohne François Bondys Hinweise vielen Lesern bis heute unbekannt geblieben. Auch auf Alberto Savinio, dessen Werk jetzt langsam auch im deutschsprachigen Raum rezipiert wird, hat Bondy schon sehr früh aufmerksam gemacht. Überhaupt verschafft die Lektüre des jetzt schon seit Jahrzehnten publizierenden François Bondy, dem »Weltbürger des freien Geistes«, wie ihn Wolfram Schütte in der Frankfurter Rundschau titulierte, dem Leser fast schon die Gewißheit, der allgemeinen Aufmerksamkeit immer um Längen und Bücher voraus zu sein. Iso Camartin nennt diesen Wissensvorsprung den »Bondy-Bonus«. Früh schon hat Bondy zum Beispiel über Svevo und Calvino geschrieben, als deren Namen hier außerhalb kleiner Leserkreise noch unbekannt waren. Wer heute wissen will, was vielleicht erst nach Jahren im deutschsprachigen Raum an italienischer Literatur entdeckt wird, lese Bondys hoffentlich noch lange regelmäßig publizierte Rezensionen und Essays.

Aus Anlaß des fünfundsiebzigsten Geburtstages hat der Amman-Verlag jetzt ein Lesebuch mit ausgewählten Texten des Jubilars veröffentlicht. Auch wenn hier mit Ausnahme eines Beitrages über Gabriele D'Annunzio kein Aufsatz ausschließlich einem italienischen Autor gewidmet ist, sei der Band allen Freunden italienischer Literatur und natürlich François Bondys empfohlen. In dem 1983 erstmals publizierten Aufsatz *Gabriele D'Annunzio – fast ein Führer* zeichnet Bondy sehr genau das schillernde, keineswegs nur auf die Faschisten faszinierend wirkende Profil des Commandante von Fiume. Hier, wie in allen Beiträgen Bondys, wird Name an Name gereiht, um das jeweilige geistig-kulturelle Umfeld zu skizzieren, in dem der Portraitierte sich bewegte. Aus heutiger Sicht, sieben Jahre nach der Erstveröffentlichung, bietet Bondys D'Annunzio-Aufsatz keine Neuigkeiten. Wie der Autor aber auf relativ wenig Raum die ganze Komplexität des Phänomens D'Annunzio darstellt, zeigt die große Meisterschaft eines erfahrenen Essayisten.

Sowohl im freundschaftlichen Vorwort des in Zürich lehrenden Iso Camartin als auch in den autobiographischen Beiträgen Bondys erfährt der Leser, wie einer der ausgewiesensten Kenner der italienischen Literatur von Kind auf langsam und stetig seine »erlesene« Kompetenz gewonnen hat, von der die Jüngeren heute so viel lernen können. Als den ersten italienischen Autor, den er während der Gymnasialzeit in Viganello bei Lugano (1926–1932) las, nennt Bondy Emilio Salgari, den »italienischen Karl May«. Später folgen die Klassiker Dante, Petrarca und Manzoni sowie die

Modernen Montale, Svevo, Pavese und Calvino. Mit Ignazio Silone führte Bondy 1966 ein langes Gespräch, das vor dem Hintergrund des aktuellen Verfalls stalinistischer Systeme wiedergelesen werden sollte. »Der wahre Essayist«, schrieb Bondy einmal in einer Auseinandersetzung mit Umberto Eco, macht nicht nur den Leser klüger, sondern gibt ihm gleich von Anfang an das Gefühl, klug zu sein«. Kein Zweifel, daß Bondy zu diesen »wahren Essayisten« gehört, an denen sich messen muß, wer heute für eine außeruniversitäre Öffentlichkeit die Leidenschaft für die Literatur wecken will.

Carl-Wilhelm Macke

Joachim Fest, *Im Gegenlicht. Eine italienische Reise,* Siedler, Berlin 1988

Im Gegenlicht ist ein Reisetagebuch. Sein Autor, der Historiker Joachim Fest, Mitherausgeber der Frankfurter Allgemeinen Zeitung, leitet es mit einer programmatischen und zugleich rechtfertigenden Vorbemerkung ein: Er bereise Italien »vom Ende her«, entgegen der üblichen Nord-Süd-Route, um »das unmerkliche Hinübergleiten in die Muster der italienischen Reise« zu vermeiden, um dem schematisierten Italienerlebnis auszuweichen. Er habe, so berichtet Fest, seine Eindrücke am Anfang nur unzusammenhängend notiert, später jedoch geordnet, denn »vielleicht ist es wirklich so, daß nur das Aufgeschriebene uns gehört. Jedenfalls reist man neugieriger, sieht kritischer und vergewissert sich umfassender unter dem Druck zu schriftlicher Rechenschaft. Das Schreiben steigert das Erleben.« (S. 7)

Der Wunsch, »das noch Bestehende festzuhalten« (S. 8) hat den Autor veranlaßt, sein Tagebuch zu schreiben. Denn der Wandel, die Bewegung der alles einebnenden Weltzivilisation erfaßt jeden geographischen und jeden sozialen Raum und bringt »Verluste« mit sich, die besonders mit Blick auf Italien unabsehbar sind. Italien war ja nicht nur Maßstab und prägende Kategorie europäischer Kultur, sondern zugleich europäischer Mythos mediterraner, freier, individueller Lebensform. Und es scheint dem Reisenden, als sei Italien auch heute noch etwas »individueller« als andere Länder: »Man trifft in diesem Teil Europas auch jetzt noch weniger von dem an, was überall ist« (S. 9). Dadurch entwickelt Italien eine Suggestionskraft, die imstande ist, »das, was überall ist«, Denkgewohnheiten, Schemata, Routine, in Frage zu stellen, zu relativieren. Die Reise durch Italien, so konstatiert Fest am Ende seines Vorworts, belehrt den Betrachter daher auch über seine eigene Existenz.

Im Gegenlicht ist ein schönes Buch. Der Leser hat Teil an einem intensiven Reiseerlebnis, er erfährt eine Fülle interessanter Details und wird unaufdringlich mit den Betrachtungen des Autors konfrontiert. Joachim Fest wählt eine konventionelle, traditionsreiche Form der Darstellung: An die stets wechselnden Beobachtungen knüpft er, scheinbar ziellos, Reflexionen. Er präsentiert dem Leser auf diese Weise Skizzen, Eindrükke, Fragmente, historische und kunsthistorische Betrachtungen, gelehrte Gedankenspiele und Sentenzen zum modernen Leben. Der Stil paßt sich dem Sujet an: Neben parataktischen und elliptischen Wendungen, mit denen flüchtige Eindrücke festgehalten werden, finden sich ausführliche Beschreibungen wissenschaftlichen Charakters, wie zum Beispiel der Abschnitt über die Staufer in Italien in den »Sizilianischen Notizen«, dem Kapitel zur ersten Reiseetappe. Ebenso wie die Form entspricht auch das Italienbild selbst europäischer Konvention: Da ist die Rede von der »Gewalt von Natur und Mensch« in Sizilien, von den »unverwechselbaren Geräuschen Italiens«, von der »Leere des Himmels«, seiner »Bläue«, der »Glut«, den »Farben«. Von der Dialektik von Lethargie und Vitalität und der »anverwandelnden Energie Siziliens«. Jeder, der Italien erlebt hat, kann diese Eindrücke nachvollziehen, und würde sich Fest auf deren Schilderung beschränken, wäre sein Reisetagebuch nichts Besonderes. Faszinierend ist *Im Gegenlicht* aus anderen Gründen: Man fragt sich, was einen erfolgreichen Autor, Wissenschaftler und Herausgeber einer großen deutschen Zeitung dazu bewogen hat, in den achtziger Jahren unseres Jahrhunderts eine Italienreise »alten Stils« zu unternehmen. Die Antwort auf diese Frage erhält der Leser zwischen den Zeilen; es ist weit mehr als klassische deutsche Italiensentimentalität, der Fest Ausdruck verleiht. Es ist vielmehr eine Weltanschauung, eine Lebenshaltung, die sich in der Bewegung der Reise entfaltet. Ein einzelner, ein Privatmann macht sich ganz bewußt auf die Suche nach dem Unverwechselbaren, Klassischen, Individuellen. Reisend will er erleben – darin steckt für ihn unmittelbare Wirklichkeitsanschauung. Das Wirkliche läßt sich nur durch Erleben erfassen, nicht durch »moderne« Fixierung auf die (vermeintliche) gesellschaftliche Realität. Denn sämtliche den gesellschaftlichen Zuständen zugekehrten Ideologien sind der Realität entfremdet, sagt Fest, da sie deren Zurückweisung und Überwindung propagieren. Mit diesem eher beiläufig geäußerten Argument begegnet er der Kritik Alexander Mitscherlichs an seinem »Italienprojekt«. Allen Überwindungsideologien, aller

»angestrengten Passion für die kleinen Leute« (S. 25) ist, so behauptet Fest, eine Geschichtsvergessenheit – oder gar eine Abneigung gegen die Geschichte – zueigen, die im Grunde im selben Maße eine Fluchtbewegung ist wie die Arkadiensuche des 18. Jahrhunderts. Gegen diese zum Scheitern verurteilten Versuche, Geschichte zu überwinden, vertritt der Autor das Bewußtsein vom Zusammenhang alles Geschichtlichen, den es »verstehend« zu erfassen gilt. Aber er drängt dem Leser diese Überzeugung nicht dozierend auf, sondern läßt Gesellschafts- und Mentalitätskritik zwanglos, gleichsam als Randnotiz, einfließen. Es ist typisch für unsere Zeit, in der es an Geschichtsbewußtsein mangelt, konstatiert Fest, daß der »Zeitgeist« sich der Geschichte als Richter, als »Entlarvungstechniker« (S. 54) nähert, und nicht mehr in der »verstehenden Haltung des Historikers«, der Vergangenes sympathetisch auf Gegenwärtiges zu beziehen vermag. Klassisches Beispiel ist für ihn das »europäische Romgespräch«, also die Debatte über den Untergang des Römischen Reiches, verstanden als Paradigma einer Verfallgeschichte. Diese Debatte wird heute nicht mehr geführt. Historische Prozesse bzw. die metahistorischen Reflexionen über sie entbehren der gesellschaftlichen Relevanz. Dagegen opponiert Fest, und in diesem Sinne kann man die konventionelle, geschichtsträchtige Form, die er gewählt hat, als explizites Bekenntnis verstehen: Betrachten – Erleben – Reflektieren heißt die Trias, an die Fest sich ganz bewußt hält, indem er stets die Beziehung zwischen Vergangenem und Heutigem sucht. Nicht durch platten Vergleich! Sondern dadurch, daß durch verstehendes Sicheinfühlen das Vergangene aktualisiert wird. Dazu bietet das Reisen, zumal das Reisen in Italien, den idealen Anlaß: Denn Reisen ist heute nicht mehr Flucht oder Abenteuer, sagt Fest (S. 151), vielmehr ist aus der Fortbewegung im Raum die Fortbewegung in der Zeit geworden. Das ist das neue Motiv des Reisens. »Mehr und mehr sucht man eine Welt, die nicht mehr ist, sondern war, und das Wunder wäre, doch noch irgendwo, in einem verlorenen Winkel, einen Rest davon zu finden.« (S. 152)

Im Vergangenen und im Vergehenden findet Fest das Andere, das Fremde, das durch seine Andersartigkeit die eigene Existenz pointierter hervortreten läßt. Ein fremdes Land kann so für den Reisenden zum Passepartout des eigenen Lebens werden. Was der Reisende sieht, ist ihm zugleich aber auch vertraut, sofern er eine »Idee« davon hat, das heißt Kenntnisse, historische Kenntnisse zumal, die das betrachtete Objekt in einen Zusammenhang stellen bzw. den Zusammenhang zwischen Subjekt und Objekt herstellen. Ohne Gedanke, so Fest, ist der Gegenstand bedeutungslos: Die Anschauung wäre nichts ohne das Gewußte und Gedachte (S. 21). Hier schließt sich der Kreis: Das Einzelne ist das Wirkliche, aber es kann nur wahrgenommen werden in der Abstraktion einer erkenntnisleitenden Idee. Diese ist bei Fest ein »Credo quia absurdum«. Er schreibt, um festzuhalten, was doch unwiederbringlich verlorengeht. Betrachtungen zum Verfall, zur Dekadenz und ihren Phasen und Ausprägungen, zur Ambivalenz der Zivilisation spielen daher in seinem Tagebuch eine wichtige Rolle. So läßt sich Italien auch als Metapher für die Widersprüchlichkeit abendländischer Geschichte (»lesen«), wie Fest am Beispiel Siziliens demonstriert: »Die stumme Würde verfallener Fassaden; der Erdgeruch über allem: Es war nicht nur Literatur. Daneben, unübersehbar, die Anzeichen zivilisatorischer Anstrengungen, die noch wie von fremder Hand und wie hingenommen wirkt. Aber vielleicht wird sie Sizilien eines Tages doch aus Lampedusas Untröstlichkeiten holen.« (S. 157)

Christiane Liermann

Giuseppe Gioachino Belli

Er mercato de Piazza Navona

Ch'er mercordí a mmercato, ggente mie,
Sce ssiino ferravecchi e scatolari,
Rigattieri, spazzini, bbicchierari,
Stracciaroli e ttant'antre marcanzie,

Nun c'è ggnente da dí. Ma ste scanzie
Da libbri, e sti libbracci, e sti libbrari,
Che cce vienghen'a ffà? ccosa sc'impari
Da tanti libbri e ttante libbrarie?

Tu pijja un libbro a ppanza vòta, e ddopo
Che ll'hai tienuto pe cquarc'ora in mano,
Dimme s'hai fame o ss'hai maggnato troppo.

Che ppredicava a la Missione er prete?
»Li libbri nun zò rrobba a cristiano:
Fijji, pe ccarità, nnu li leggete.«

20 marzo 1834

Aus: *I sonetti di Giuseppe Gioachino Belli*,
herausgegeben von G. Vigolo, Mailand 1952.

Der Markt auf Piazza Navona

Daß mittwochs auf dem Markt, ihr lieben Leute,
man Händler sieht von Altmetall und Dosen
und Trödler, Nähzeugkrämer, Bechermacher
und Lumpensammler und manch andere Ware,

dazu ist nichts zu sagen. Aber die Bretter da
für Bücher, diese Schwarten, die Schartekenhändler,
was haben die zu suchen? Was lernt man denn
von all den Büchern, soviel Bücherläden?

Nimm du mal ein Buch zur Hand mit leerem Magen
und sag mir dann nach ein paar Stunden,
ob du noch hungrig oder überfressen bist.

Wie sagte doch der Pfarrer in der Predigt?
»Die Bücher sind nichts Gutes für uns Christen:
Kinder, um Himmels willen, lest sie nicht!«

20. März 1834

Übersetzung: Titus Heydenreich

Zu den Autoren

Paola Albarella, geb. 1959 in Neapel. Studium der Germanistik in Venedig. Seit 1989 Lehrbeauftragte für italienische Literatur an der FU Berlin. Übersetzungen u. a. von Heiner Müller und Peter Härtling. Schreibt an einer Dissertation über den italienischen und deutschen Roman der fünfziger Jahre.

Giulia Angelini, geb. 1957 in Mailand. Studium der Italianistik und Amerikanistik in Venedig. Übersetzungen aus dem Englischen. Seit 1985 Lektorin am Institut für Romanische Philologie der FU Berlin.

Giuseppe Gioachino Belli, geb. 1791 in Rom, gest. 1863 ebd. Kirchenstaatlicher Verwaltungsbeamter. Dichtungen in Hochsprache und Mundart. Durch seine 1830/39 und 1843/49 verfaßten 2279 Romanesco-Sonette einer der größten Autoren des italienischen 19. Jahrhunderts. Zweisprachige Ausgabe: *Die Wahrheiten des G. G. Belli. Eine Auswahl seiner frechen und frommen Verse*, vorgestellt und aus dem Italienischen [sic] übertragen von Otto Ernst Rock, Frankfurt a. M. 1984.

Christine Dauner, geb. 1964 in Rosenheim. Studium der Romanistik, Theaterwissenschaft und Kunstgeschichte in Erlangen. Magisterarbeit über Vincenzo Consolo. Dissertation über Mode und Literatur in Italien in Vorbereitung.

Christine Dirnaichner, geb. 1959 in München. Studium der Philosophie, der italienischen Literatur- und Kunstgeschichte in Mailand. 1989 Promotion mit einer Arbeit über das Husserlsche Thema der Imagination.

Carlo Ginzburg, geb. 1939 in Turin; ist Professor für Neuere Geschichte in Bologna. Veröffentlichungen, die in deutscher Übersetzung vorliegen: *Der Käse und die Würmer. Die Welt eines Müllers um 1600*, Frankfurt a. M. 1979. – *Die Benandanti, Feldkulte und Hexenwesen im 16. und 17. Jahrhundert*, Frankfurt a. M. 1980. – *Erkundungen über Piero. Piero della Francesca, ein Maler der frühen Renaissance*, Berlin 1983. – *Spurensi-*

cherungen. Über verborgene Geschichte, Kunst und soziales Gedächtnis, Berlin 1983, Neuauflage München 1988. – Zus. mit Enrico Castelnuovo *Zentrum und Peripherie*. In: *Italienische Kunst. Eine neue Sicht auf ihre Geschichte*, herausgegeben v. Luciano Bellosi, Berlin 1987.

Natalia Ginzburg, geb. 1916 in Palermo. Schriftstellerin und Journalistin. Romane *Tutti i nostri ieri* (1952), *Valentino* (1957), *Le voci della sera* (1961), *Caro Michele* (1975) u. a. Autobiographische Texte: *Lessico familiare* (1963), *Piccole virtù* (1962). Artikel und Essays in zahlreichen Tageszeitungen und Zeitschriften. Verheiratet mit Leone Ginzburg (geb. 1909 in Odessa, 1943 im römischen Gefängnis Regina Coeli umgekommen).

Giuseppe Goffredo, geb. 1956 in Alberobello. Veröffentlichte 1979 seinen ersten Gedichtband *Poesie di provincia*; 1982 erschien eine Anzahl seiner Gedichte in der Sammlung *Nuovi poeti italiani* bei Einaudi Turin. Organisiert seit mehreren Jahren ein internationales Treffen von Dichtern aus dem Mittelmeerraum – »Poesia in chiostro«. Arbeitet in der Kulturverwaltung von Martina Franca.

Helene Harth, geb. 1940 in Frankfurt a. M. Studium der klassischen Philologie, Philosophie und Romanistik. Seit 1987 Professorin für Italianistik an der Universität Saarbrücken. Veröffentlichungen u. a. über P. Valéry, den Nouveau roman. J. P. Sartre, L. Sciascia, V. Brancati.

Titus Heydenreich, geb. 1936 in Hamburg. Studium der Romanistik und Germanistik. Seit 1977 Professor an der Universität Erlangen-Nürnberg. Veröffentlichungen u. a. über E. De Amicis, E. Salgari, G. Tomasi di Lampedusa, C. Levi, P. P. Pasolini, L. Sciascia, Inquisition und Literatur, Rom in der Gegenwartsliteratur.

Johannes Hösle, geb. 1929 in Erolzheim (Kr. Biberach / Riß). Seit 1968 ordentlicher Professor für Romanische Literaturwissenschaft. Veröffentlichungen: u. a. Monographien zu Cesare Pavese, Pietro Aretino, Molière, Überblicksdarstellungen zur italienischen und katalanischen Literatur, Übersetzungen aus dem Italienischen und Katalanischen.

Volker Kapp, geb. 1940 in Freiburg / Brsg. Studium der Romanistik, Philosophie, Theologie, Politologie. Promotion 1970, Habilitation 1980. Seit 1986 Professor für Romanistik an der Universität Erlangen-Nürnberg. Veröffentlichungen über Claudel, Fénelon, Methodenfragen, Rhetorik. Aufsätze zur französischen und italienischen Literatur, zur zeitgenössischen Kunst und zu Design.

Marion Kranen, geb. 1958 in Vancouver. Studium der Theater-, Film- und Fernsehwissenschaft in Köln und Florenz. 1985–1987 Lektorin für deutsche Sprache und Literatur in Bari. Mitorganisatorin des Frauenfilmfestes Feminale in Köln, freie Mitarbeit für Rundfunk und Fernsehen.

Christiane Liermann, geb. 1960 in Bonn. Studium der Geschichte, Romanistik, Philosophie in Bonn und Siena. 1987/88 Mitarbeit im Bonner Korrespondentenbüro von *La Repubblica*. Seit 1989 Arbeit an einer Dissertation zur italienischen Geschichte im 19. Jahrhundert bei Prof. R. Lill.

Rudolf Lill, geb. 1934 in Köln. Studium der Geschichtswissenschaft. Promotion 1960 und Habilitation 1971 in Köln. 1961–1974 Mitglied des Deutschen Historischen Instituts in Rom. Professor für Mittelalterliche und Neuere Geschichte in Karlsruhe. Veröffentlichungen zur italienischen Geschichte vor allem des 19. Jahrhundert u. a.: *Geschichte Italiens in der Neuzeit*, Darmstadt 1986.

Carl-Wilhelm Macke, geb. 1950 in Cloppenburg (Niedersachsen). Studium der Erziehungswissenschaften und Politikwissenschaft in Hamburg und Hannover. Lebt als freier Journalist in München. Ständiger Mitarbeiter bei den Zeitschriften *Wiener Tagebuch* und *links*.

Marilia Nacci, geb. 1963 im apulischen Ostuni. Studium der Philosophie in Urbino, 1988/89 als EG-Stipendiatin in Berlin. 1989 Laurea mit einer Arbeit über das Passagenwerk Walter Benjamins. Arbeitet in Berlin als freie Journalistin, vorwiegend für Rundfunkanstalten.

Volker Roth, geb. 1964 in Saarbrükken. Studium der Politikwissenschaft und Italianistik in Berlin. 1986/87 als DAAD-Stipendiat in Urbino. 1989 Diplom mit einer Arbeit über den ethnischen Konflikt in Südtirol. Rundfunkjournalist beim Sender Freies Berlin.

Albert von Schirnding, geb. 1935 in Regensburg. Studium der Klassischen Philologie und Germanistik in München und Tübingen. Seit 1958 Gymnasiallehrer. Verfasser von Lyrik, erzählender Prosa und Essays. Regelmäßiger Mitarbeiter der *Süddeutschen Zeitung* (Buchkritik). Ordentliches Mitglied der Bayerischen Akademie der Schönen Künste und Mitglied des PEN.

Hansgeorg Schmidt-Bergmann, geb. 1956 in Bad Oldesloe. Literaturwissenschaftler. Nach einem Lektorat für deutsche Sprache und Literatur in Bari seit 1984 Hochschulassistent am Institut für Literaturwissenschaft der Universität Karlsruhe. Veröffentlichungen: u. a. *Ästhetizismus und Negativität*, Heidelberg 1984. Zusammen mit Gert Mattenklott Herausgeber von: *August von Platen, Memorandum meines Lebens. Auswahl aus den Tagebüchern*, Frankfurt a. M. 1988. In Vorbereitung eine größere Arbeit über die Rezeption des italienischen Futurismus in Deutschland.

Antonello Trombadori, geb. 1917 in Rom. Studium der Kunstgeschichte bei Pietro Toesca und Roberto Longhi, Promotion 1940. Militanter Kunstkritiker; schon seit 1937 in Opposition zum Faschismus. 1956–1965 im ZK der KPI, 1956–68 im Stadtrat Roms, 1968–1984 Parlamentsmitglied. 1954–1957 Leiter der Wochenzeitschrift *Il Contemporaneo*, 1960–70 der Kunstgalerie La Nuova Pesa. Gedichtbände: *I segni eugubini* (1977); *La Palommèlla*, (1979), *Indovinela-grillo*, (Rom 1984), *Ecce Roma*, (1989).

Barbara Villiger Heilig, geb. 1959 in Zürich. Studium der Romanistik in Zürich und Pavia. 1984 Lizenziat. 1988 Promotion. Seit 1982 Unterrichtstätigkeit u. a. an der Universität Zürich. Seit 1988 Lektorin beim Arche Verlag, Zürich.

ZIBALDONE Zeitschrift für italienische Kultur der Gegenwart erscheint zweimal jährlich.
Einzelheft DM 12,80 (inkl. 7 % MWSt), Abonnement für zwei Hefte DM 25,60 (inkl. 7 % MWSt und Porto).
Anzeigen an den R. Piper GmbH & Co. KG Verlag, Georgenstraße 4, 8000 München 40, Telefon 089/3818010, Telex 3215385, z. Hd. Elisabeth Philippi.

Manuskripte nur an die Herausgeber: Prof. Dr. Helene Harth, Institut für Romanistik, Fachbereich 8 der Universität des Saarlandes, 6600 Saarbrücken; Prof. Dr. Titus Heydenreich, Institut für Romanistik der Universität Erlangen-Nürnberg, Bismarckstraße 1, 8520 Erlangen.
Unverlangt eingesandte Manuskripte werden in der Regel nicht kommentiert und nur zurückgesandt, wenn Rückporto beiliegt.

Umschlag: Federico Luci
Gesamtherstellung: Clausen & Bosse, Leck

Sofern nicht anders angegeben, handelt es sich bei allen Beiträgen um Erstveröffentlichungen.